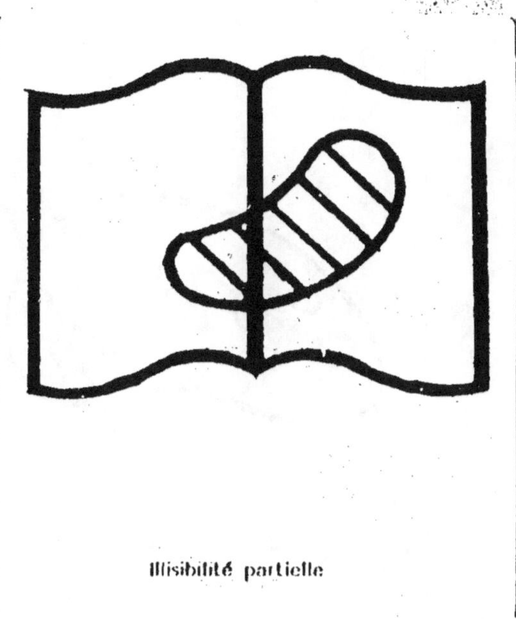

Illisibilité partielle

Valable pour tout ou partie
du document reproduit

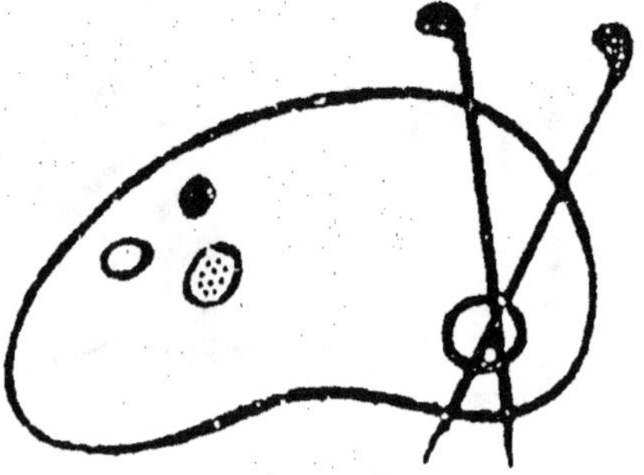

Couvertures supérieure et inférieure
en couleur

ORAISON FUNÈBRE

DE
SON ÉMINENCE

LE CARDINAL GUIBERT

ARCHEVÊQUE DE PARIS

PRONONCÉE

DANS L'ÉGLISE MÉTROPOLITAINE DE NOTRE-DAME LE 17 NOVEMBRE 1886

PRÉCÉDÉE

D'UNE ÉPITRE DÉDICATOIRE A S. S. LE PAPE LÉON XIII

PAR

Mgr PERRAUD

ÉVÊQUE D'AUTUN, CHALON ET MACON

Membre de l'Académie française.

SE VEND 1 fr. 50

Au profit des Séminaires du Diocèse d'Autun

PARIS

H. OUDIN, LIBRAIRE-ÉDITEUR

17, RUE BONAPARTE, 17

AUTUN. DEJUSSIEU ET FILS, IMPRIMEURS DE L'ÉVÊCHÉ

ŒUVRES PASTORALES ET ORATOIRES

DE MGR PERRAUD

Évêque d'Autun, membre de l'Académie française.

4 FORTS VOLUMES IN-8°

Prix de chaque volume, broché. . . . . 7 fr.

Oraison funèbre de Mgr Darboy, archevêque de Paris, prononcée à Notre-Dame, le 18 juillet 1871. 1 volume grand in-8° raisin.

Oraison funèbre du T. R. P. Captier, fondateur et prieur de l'école Albert-le-Grand, prononcée dans l'église paroissiale d'Arcueil, le 3 juillet 1871.

Éloge funèbre du général Zamoyski, prononcé dans la chapelle de l'Oratoire, le 30 janvier 1868.

Études sur l'Irlande contemporaine. 2 volumes in-8°.

L'Oratoire de France au dix-septième et au dix-neuvième siècle. 1 vol. in-12.

Les derniers jours du P. Gratry. 1 volume in-8°.

Éloge funèbre du général Changarnier, prononcé dans la cathédrale d'Autun en février 1877.

Oraison funèbre de Mgr Rivet, évêque de Dijon, prononcée dans la cathédrale de Dijon, le 6 novembre 1884.

Discours de réception à l'Académie française. 19 avril 1883.

Discours prononcé à l'Académie française pour la réception de M. Duruy, le 18 juin 1885.

Le cardinal de Richelieu. Discours prononcé à la Sorbonne le 15 décembre 1866.

Imprimerie Pillet et Dumoulin, à Paris.

ORAISON FUNÈBRE

DE

S. É. LE CARDINAL GUIBERT

ARCHEVÊQUE DE PARIS

IMPRIMERIE PILLET ET DUMOULIN
Rue des Grands-Augustins, 5, à Paris.

LE CARDINAL
JOSEPH HIPPOLYTE GUIBERT
ARCHEVÊQUE DE PARIS
Fondateur
de l'Eglise du vœu national au Sacré Cœur de Jésus
13 Décembre 1802 – 8 Juillet 1886.

ORAISON FUNÈBRE

DE

SON ÉMINENCE

LE CARDINAL GUIBERT

ARCHEVÊQUE DE PARIS

PRONONCÉE

DANS L'ÉGLISE MÉTROPOLITAINE DE NOTRE-DAME LE 17 NOVEMBRE 1886

PRÉCÉDÉE

D'UNE ÉPITRE DÉDICATOIRE A S. S. LE PAPE LÉON XIII

PAR

Mgr PERRAUD

ÉVÊQUE D'AUTUN, CHALON ET MACON

Membre de l'Académie française.

DEUXIÈME ÉDITION

SE VEND 1 fr. 50

Au profit des Séminaires du Diocèse d'Autun

PARIS

H. OUDIN, LIBRAIRE-ÉDITEUR

17, RUE BONAPARTE, 17

AUTUN. DEJUSSIEU ET FILS, IMPRIMEURS DE L'ÉVÊCHÉ

ÉPITRE DÉDICATOIRE

ADRESSÉE

A SA SAINTETÉ LE PAPE LÉON XIII

———

TRÈS SAINT-PÈRE,

Dès le jour où m'était confiée l'honorable mission d'avoir à prononcer l'oraison funèbre de Son Éminence le cardinal Guibert, archevêque de Paris, je me tournais instinctivement vers Votre Sainteté pour solliciter la grâce et le secours de sa Bénédiction.

Votre Paternité daigna me la transmettre avec un empressement qui redoubla mon courage au moment où j'allais aborder ce grand travail.

Elle voulut bien renouveler à cette occasion le témoignage de son estime et de son affection pour l'illustre cardinal, et s'associer à la douleur du diocèse de Paris, si religieusement ressentie par toute l'Église de France.

Enfin, pour rendre encore plus éclatante l'expression de ses sentiments à l'égard du vénéré défunt Votre Sainteté eut la bonté d'agréer la dédicace de mon discours.

C'est donc sous vos auspices, Très Saint-Père, qu'après avoir été prononcée sous les voûtes de Notre-Dame de Paris, en présence d'un grand nombre d'évêques, et devant l'auditoire le plus imposant, l'oraison funèbre du cardinal sera livrée à la publicité.

Je crois pouvoir affirmer que je n'ai rien négligé pour n'être pas trop indigne d'une telle bienveillance.

Le cardinal Guibert était mon père dans l'ordre de la vie épiscopale. Par une inappréciable faveur, j'avais reçu de ses mains, il y a douze ans, la plénitude du sacerdoce et la grâce de la consécration.

A partir de ce moment, j'avais toujours eu les yeux fixés sur ce parfait modèle des vertus dont les évêques sont redevables à Dieu, à l'Église et aux âmes. Dans les circonstances difficiles, je prenais conseil de sa haute sagesse et de son expérience consommée. Avoir son approbation pour mes paroles, mes écrits ou mes actes faisait mon honneur et ma sécurité. Je connaissais à fond son amour de la vérité, la fermeté de son caractère, son dévouement inébranlable à la cause de l'Église, sa tendre vénération pour Votre personne sacrée, aux jugements et à la direction de laquelle il s'estimait heureux d'adhérer toujours avec l'empressement de la docilité la plus filiale et d'une confiance sans limites.

Je me suis efforcé de dire toutes ces choses, non en

vue de décerner à sa mémoire des louanges vaines et stériles, mais afin de montrer Dieu admirable dans ses serviteurs, l'Évangile justifié par ses fruits, l'Église honorée par le ministère exceptionnellement fécond d'un de ses Pontifes, devenu au présent siècle une des gloires les plus pures de sa hiérarchie.

Daigne Votre Sainteté agréer, avec l'expression de la religieuse obéissance que je dépose à ses pieds, les hommages de son très humble et très dévoué fils en Notre-Seigneur Jésus-Christ,

† ADOLPHE LOUIS,
Évêque d'Autun, Chalon et Mâcon.

Paris, le 17 novembre 1886.

LISTE DES PRÉLATS

EN PRÉSENCE DESQUELS A ÉTÉ PRONONCÉE

L'ORAISON FUNÈBRE DE S. É. LE CARDINAL GUIBERT

LE 17 NOVEMBRE 1886

————

Leurs Éminences,

Le cardinal BERNADOU, archevêque de Sens, qui a officié pontificalement à la grand'messe.

Le cardinal LANGÉNIEUX, archevêque de Reims.

Son Excellence Mgr SICILIANO DI RENDE, archevêque de Bénévent, Nonce apostolique.

Sa Grandeur Mgr RICHARD, archevêque de Paris.

Leurs Grandeurs,

Mgr MARCHAL, archevêque de Bourges.

Mgr FOULON, archevêque de Besançon.

Mgr THOMAS, archevêque de Rouen.

Mgr BÉCEL, évêque de Vannes.

Mgr HUGONIN, évêque de Bayeux.

Mgr GROLLEAU, évêque d'Évreux.

Mgr TURINAZ, évêque de Nancy.

Mgr THIBAUDIER, évêque de Soissons.

Mgr BESSON, évêque de Nîmes.

Mgr CORTET, évêque de Troyes.

Mᵍʳ GERMAIN, évêque de Coutances.

Mᵍʳ DUBOIN, évêque de Raphanée.

Mᵍʳ COULLIÉ, évêque d'Orléans.

Mᵍʳ SOULÉ, ancien évêque de Saint-Denis.

Mᵍʳ LABORDE, évêque de Blois.

Mᵍʳ GOUX, évêque de Versailles.

Mᵍʳ LELONG, évêque de Nevers.

Mᵍʳ GAY, évêque d'Anthédon.

Mᵍʳ BOYER, évêque de Clermont.

Mᵍʳ DENNEL, évêque d'Arras.

Mᵍʳ ARDIN, évêque de la Rochelle.

Mᵍʳ DE BRIEY, évêque de Meaux.

Mᵍʳ BELOUINO, évêque d'Hiéropolis.

Mᵍʳ JAQUENET, évêque d'Amiens.

Mᵍʳ FRAYSSE, évêque d'Avila.

Mᵍʳ VAN DEN BRATEN, évêque d'Érythrée.

Mᵍʳ TRÉGARO, évêque de Séez.

Mᵍʳ SOURRIEU, évêque de Châlons-sur-Marne.

Mᵍʳ BOUCHÉ, évêque de Saint-Brieuc.

Mᵍʳ PÉRONNE, évêque de Beauvais.

Mᵍʳ GONINDARD, évêque de Verdun.

Mᵍʳ CARRIÉ, vicaire apostolique du Congo.

Mᵍʳ MAURICE D'HULST, prélat de la maison du Pape, recteur de
l'Institut catholique.

ORAISON FUNÈBRE

DE

S. É. LE CARDINAL GUIBERT

ARCHEVÈQUE DE PARIS

Dieu ne nous a pas donné l'esprit de crainte, mais l'esprit de courage, de dilection et de mesure. (II Tim., 1. 7.)

ÉMINENCES,

MESSEIGNEURS,

MES FRÈRES,

Ces paroles de l'Apôtre ne résument-elles pas admirablement la vie du grand évêque à qui nous sommes venus, en cette funèbre cérémonie, payer le tribut de nos prières et de nos regrets?

Le voilà, tel que Dieu l'avait fait, par nature et par grâce, plein de courage et de charité, ayant toujours su trouver et garder le point juste où la force et la douceur[1] s'unissent l'une à l'autre dans cet esprit de mesure et de sobriété qu'il appelait « l'attribut essentiel du gouvernement des âmes, la puissance souveraine que l'homme exerce sur lui-même,

---

1. Le Cardinal avait pris pour devise ces deux mots empruntés au livre de la *Sagesse*, VIII, 1 : *Fortiter et suaviter.*

et comme une émanation de la sagesse divine [1] ».

Quand une âme favorisée de tels dons est fidèle à y répondre, Dieu se sert d'elle pour l'accomplissement de ses desseins. D'une part, suprême arbitre de nos destinées, il agit sur elles par les ressorts mystérieux dont il s'est réservé le secret. De l'autre, toujours attentif à s'honorer lui-même dans le respect qu'il porte à sa créature raisonnable et libre [2], il laisse à celle-ci le péril, avec la gloire, de se mouvoir sous sa propre responsabilité à travers les combinaisons multiples des temps, des lieux, des événements.

De quelle façon sa Providence sut tout ménager en vue de préparer à son Église un évêque tel que le réclamaient les besoins et les difficultés de notre époque; par quels jeux délicats, et à l'aide de quelles industries, elle alla prendre un enfant de basse extraction, comme on dirait dans le langage du monde, pour le conduire aux premières dignités de la sainte hiérarchie et lui créer une situation exceptionnellement grande devant les hommes; comment, de son côté, celui qui était l'objet d'une si paternelle prédestination fit toujours le meilleur emploi des aptitudes dont il avait été doué, et contribua par son propre mérite à réaliser les concepts et les vouloirs divins : c'est ce que je voudrais mettre en lumière dans ce discours consacré à la mémoire de Son Émi-

---

1. Instruction au clergé de Tours, 4 novembre 1866 (*Œuvres pastorales* éd. Mame, t. II, p. 3£o).

2. *Sagesse*, xii, 8.

nence Mgr JOSEPH-HIPPOLYTE GUIBERT, oblat de Marie immaculée, successivement évêque de Viviers, archevêque de Tours, enfin archevêque de Paris et cardinal de la sainte Église romaine.

Vous ne serez pas surpris, Messeigneurs et mes Frères, si à l'exemple de saint Bernard se préparant à redire la vie et les vertus d'un évêque d'Irlande, je demande d'abord à l'illustre défunt de m'obtenir une part de son courage, de son esprit de sagesse et de sa charité. J'aurai besoin de tout cela pour parler de lui comme il convient. *Esto nobis alter Elias impertiens de spiritu tuo nobis* [1].

O Père bien-aimé ! que de fois, en composant ce discours, je me suis recueilli sous vos saintes bénédictions ! Que de fois, tandis que je travaillais devant votre image et, pour ainsi dire en votre présence, j'ai regardé attentivement « la douceur, la sérénité, la majesté de votre visage, le feu noble et vif de vos yeux », où je voyais si bien exprimées « la candeur, la sagesse, la paix intérieure d'un homme qui possède son âme [2] » ! Que de fois enfin, dans le désir de mettre ma parole à l'unisson de vos pensées et de vos sentiments, je suis remonté par la prière à la source où vous étiez accoutumé de puiser l'amour de la justice, le désintéressement absolu, l'unique passion de faire prévaloir l'honneur de Dieu.

---

1. S. Bern., *II Serm. de S. Malach.*, n° 8.
2. Saint-Simon, description du portrait de son ami l'abbé de Rancé, peint par le célèbre Rigault en 1696 (*Mémoires*, éd. Chéruel, I, 385).

I

La généalogie de ce Prince de l'Église montre une fois de plus comment Dieu se plaît souvent à choisir pour les exalter ceux que dédaigne l'orgueil humain. A l'encontre de cette démocratie jalouse, toujours disposée à niveler tout ce qui la dépasse, la démocratie chrétienne, fille de l'Évangile, élève les simples et les petits, quand l'humilité et la droiture leur ont donné la vraie noblesse [1].

Des deux grands-pères de notre pontife, le premier est un cardeur de laine, venu de Barcelonnette à Aix, vers le milieu du dix-huitième siècle ; le second, un tailleur de pierres, dont la fille, mariée très jeune, donnait le jour, le 13 décembre 1802, au futur cardinal-archevêque de Paris. L'enfant fut baptisé dans l'église de Saint-Jean-de-Malte, et reçut les noms de Joseph-Hippolyte. A l'âge de onze ans, il y fit sa première communion. Plus tard, devenu évêque, archevêque, revêtu de la pourpre, Mᵍʳ Guibert, revenant dans sa ville natale, ne manquait jamais de se rendre à Saint-Jean, et il allait s'agenouiller pieusement aux fonts baptismaux et à la table eucharistique. On l'y vit plus d'une fois verser des larmes dans le souvenir des grâces qui, sans doute, avaient décidé de tout le reste de sa vie [2].

1. *Suscitans a terra inopem, ut collocet eum cum principibus populi sui.* (Ps. cxii, 78.)

2. La fabrique et les pauvres de cette église ont ressenti les effets de

Tandis que le père[1] et la mère s'occupaient, comme métayers, de l'exploitation d'un petit domaine, situé dans la banlieue d'Aix, leurs deux filles, Pauline et Joséphine, commençaient l'apprentissage de l'état de couturières. Leur aiguille devait être plus tard de grand secours à la famille. Quelquefois même, en dépit d'un travail sans relâche, il fallut traverser de mauvaises années, dont le souvenir demeura profondément gravé dans la mémoire et dans le cœur de Joseph-Hippolyte. « Je me rappelle, écrivait-il en 1837[2], que, vers la fin de l'Empire, dans des temps de grande misère, lorsque j'étais fort jeune encore, mes parents me faisaient manger à part avec mes sœurs. Ils prenaient leurs repas après nous, et ne mangeaient que nos restes, et je sais qu'il n'y avait pas toujours de quoi rassasier leur faim. Je rencontre toujours ce souvenir touchant et pénible à la porte du réfectoire[3]. »

Ainsi, aux mâles leçons de la pauvreté s'unissaient les exemples du sacrifice volontaire pour former à l'austérité et à la compassion le jeune Guibert. Rien

sa religieuse gratitude. A la première, il donna en 1878 la chasuble de son sacre. Depuis plusieurs années, au commencement de chaque hiver, le Cardinal envoyait quelques centaines de francs à M. le curé de Saint-Jean pour les pauvres de la paroisse.

1. Pierre Guibert. Il est qualifié de jardinier dans l'acte civil de son mariage avec Rose-Françoise Pécout, contracté le 22 frimaire an VI (1798). Un quatrième enfant, Fortuné, qui naquit en 1810, mourut en 1826. Il était à cette époque maître d'études au collège royal de Marseille. Au témoignage de son frère aîné, Fortuné était doué d'une intelligence très remarquable.

2. Il était alors supérieur du grand séminaire d'Ajaccio.

3. Lettre du 14 mai 1837 au R. P. Templier (inédite).

de tout cela ne sera perdu. Arrivé aux honneurs su-
prêmes de l'Église, il n'oubliera jamais comment, plus
d'une fois, il avait été nourri du pain épargné sur les
privations de ses parents. Tout à la fois par instinct et
par vertu, par respect pour des traditions domesti-
ques, et plus tard, par vœu de religion, il aimera la
pauvreté. Il est né, il a vécu, il est mort avec elle.
Mais elle est devenue entre ses mains la source inépuisable des libéralités les plus abondantes. Ce pauvre a eu l'honneur et la joie d'être le père des pauvres.
Pauper sibi, dives pauperibus erat[1]. Je suis en mesure
de l'affirmer, car j'en ai eu le témoignage sous les
yeux. Les riches du siècle crieraient au miracle, s'ils
pouvaient savoir le chiffre prodigieux des aumônes
dont ce charitable évêque fut le dispensateur à Viviers, à Tours, et surtout à Paris. Quand les hommes
favorisés des biens de la fortune comprendront que
l'abnégation, le renoncement, la vie conforme à l'Evan-
gile, multiplient dans des proportions incalculables les
ressources préparées par la Providence pour le soulagement de la misère, on sera bien près d'avoir résolu
les douloureux problèmes dont l'égoïsme et la sensua-
lité, qui veulent jouir à tout prix, font une menace
permanente contre la paix sociale.

Après des études fort élémentaires, Joseph Guibert,
âgé de dix-huit ans, entra au grand séminaire d'Aix.
Il y reçut les enseignements de cette société de Saint-

---

1. S. Bern, *loc. cit.*, n° 2.

Sulpice, dont il se montrait naguère le zélé défenseur.
Il y a huit mois, il préludait à l'éclatant hommage
décerné par le pape Léon XIII à la modeste compagnie, pour la venger d'une indigne et violente agres-
sion[1], et, dans une lettre publique, il bénissait Dieu
d'avoir pu dans sa jeunesse « recevoir les premières
instructions cléricales de la bouche de ces prêtres
vénérables qui lui avaient inspiré l'amour de la sainte
Église et la filiale soumission au vicaire de Jésus-
Christ ».

« Ce qui nous frappait le plus en l'abbé Guibert,
disait il y a peu de temps un respectable ecclésiastique du diocèse d'Aix, son condisciple de séminaire,
c'était le calme et la possession de lui-même. » On
pouvait déjà lui appliquer la parole adressée au jeune
Daniel par les anciens d'Israël : « Venez et siégez
parmi nous : car Dieu vous a donné l'honneur de la
vieillesse[2]. » Lui-même racontait très agréablement,
plus tard, l'anecdocte suivante, contemporaine de ses
débuts dans l'exercice du ministère sacerdotal. Il avait
vingt-quatre ans, et venait d'être envoyé à une paroisse du diocèse de Nîmes, pour porter secours à
des missionnaires plus âgés que lui et surchargés de
travail. A peine arrivé, le nouveau venu est abordé

---

1. Lettre du Cardinal à M. Icard, supérieur général de Saint-Sulpice (16
mars 1886), mise en tête du volume intitulé *Traditions de la Compagnie des
prêtres de Saint-Sulpice*. Dans le Bref de Sa Sainteté, donné le 10 juillet
1886, il y a lieu de relever les paroles suivantes : *Non potuimus non moleste
ferre invidiam in societatem vestram conflari et ea in ipsam INDIGNE pro-
ferri quæ famam ejus et existimationem publice obscurent.*
2. Daniel, XIII, 50.

par une femme du peuple : « Je vous attendais, lui dit-elle ; les jeunes prêtres qui vous ont précédé n'ont pu me gagner. *Vous êtes un ancien :* c'est vous qui aurez ma confiance[1]. »

Durant le cours de l'année 1822, la réflexion, la prière, peut-être aussi les exemples de quelques amis, inclinèrent son âme vers la vocation religieuse et il sollicita son admission dans la Société des Missionnaires de Provence, fondée en 1815 par M. Eugène de Mazenod, et devenue plus tard[2] la Congrégation des Oblats de Marie Immaculée. Son père fit une vive opposition à ce dessein. Avec une respectueuse, mais inébranlable fermeté, notre séminariste maintint son droit à choisir l'état de vie où il estimait pouvoir le mieux sauver son âme et travailler plus efficacement au salut des autres. Il fit d'ailleurs aux exigences d'une faible santé et aux conseils de son sage directeur[3] un sacrifice qui n'était pas sans mérite, en renonçant à partir pour les missions étrangères. Tout quitter, famille et patrie, afin d'aller évangéliser les infidèles : telle était l'ambition qui dévorait en secret ce cœur de vingt ans. Une des dernières paroles du cardinal, peu de jours avant sa mort, a été une recommandation adressée au supérieur général de Saint-Sulpice

1. Cité par Mgr Besson, évêque de Nîmes, dans sa lettre pastorale sur la mort du Cardinal.
2. En 1826, lorsque ses constitutions furent approuvées par Léon XII.
3. M. d'Alga, supérieur du grand séminaire.

d'avoir pour l'Amérique une sollicitude particulière. Ainsi, du commencement à la fin de sa longue carrière, cette âme a été consumée par la flamme de l'apostolat.

Entré au noviciat des Oblats en novembre 1822, l'abbé Guibert prononça ses premiers engagements le 4 novembre 1823. Deux ans après, grâce à une dispense d'âge accordée par le pape Léon XII, il recevait la prêtrise des mains de l'évêque de Marseille[1].

C'était le 14 août 1825. Le lendemain, au moment de faire partir le nouveau prêtre pour Nîmes, le Père Eugène de Mazenod lui rendait témoignage en ces termes :

« Notre très cher Père Guibert est bien et dûment ordonné. C'est moi qui l'ai présenté au Pontife. Dieu sait avec quelle indicible consolation j'ai prononcé le *scio* et le *testificor*. Que Dieu bénisse notre famille! En lui demandant de nous accorder des hommes comme celui qui vient d'être promu au sacerdoce, nous avons demandé tout ce qu'il nous faut. De saints prêtres! Voilà notre richesse[2]! »

Tels sont, mes Frères, les hommes que nous avons vus, il y a six ans, contraints d'aller chercher à l'étranger, souvent parmi des peuples protestants, l'inoffen-

---

1. Mgr Fortuné de Mazenod, oncle et prédécesseur sur ce siège de M. Eugène, qui lui succéda en 1837, après avoir été pendant quelques années son auxiliaire sous le titre d'évêque titulaire d'Icosie.

2. Lettre citée par le R. P. Rambert, dans sa *Vie de Mgr de Mazenod*, tome Ier, page 409.

sive liberté de mettre en commun leurs prières, leurs labeurs, leur religieux dévouement au service de l'Église et de la France[1].

Successivement missionnaire à Nîmes, chargé pendant deux ans du noviciat de sa Congrégation, envoyé comme supérieur à Notre-Dame du Laus, dans le diocèse de Gap, le Père Guibert put satisfaire les goûts les plus vifs de son âme sacerdotale et se donner sans mesure à l'humble et fécond ministère des missions dans les campagnes.

Voyages pénibles et parfois périlleux; prédications nombreuses; longues séances au tribunal de la pénitence : rien ne l'arrêtait. Il profitait encore de ses labeurs et de ses courses pour travailler à l'accroissement de sa congrégation où il était appelé « le capitaine de recrutement », et on voit par ses lettres combien, à cet égard, Dieu bénissait son zèle.

La Providence allait cependant lui ouvrir un champ d'action plus vaste, et il était envoyé en Corse dans les premiers mois de 1835 pour prendre la direction du grand séminaire d'Ajaccio.

C'était mettre à une réelle épreuve son obéissance religieuse. Son humilité lui faisait illusion sur les aptitudes remarquables dont il était doué pour le

---

1. Au moment où les Oblats étaient expulsés en vertu des décrets de 1880, le gouvernement anglais donnait à une cité de création récente, dans la région de la baie d'Hudson, le nom d'un de leurs évêques missionnaires (Mᵍʳ Grandin), pour reconnaître les services rendus par eux à la cause de la civilisation.

gouvernement, et il s'étonnait sincèrement du choix dont il avait été l'objet.

« Tout au plus, écrivait-il à son supérieur, j'étais bon à donner une petite mission dans un village. Aussi, je n'aspirais pas à autre chose. J'étais heureux au delà de toute expression, et j'aurais voulu cacher ma vie dans ce sanctuaire où la présence de la sainte Vierge est si sensible... » Mais aussitôt, avec la docilité d'un enfant, il ajoutait : « Vous m'avez confié une œuvre sublime et tout évangélique. Je me sens plein d'un saint courage. Dieu changera mon être de fond en comble pour m'élever à la hauteur d'une telle mission [1]. »

M#gr# Casanelli d'Istria, évêque d'Ajaccio, voulut l'emmener avec lui, et ils s'embarquèrent ensemble au mois d'avril 1835. Le navire les conduisit dans le voisinage de Bastia, où l'évêque devait demeurer plusieurs semaines. En se séparant du Père Guibert, il lui remit cinquante francs. Quarante-cinq furent dépensés par celui-ci pour achever son voyage. Il avait cinq francs quand il prit possession de son poste. Il aurait pu s'appliquer la naïve et touchante parole dite par la grande réformatrice du Carmel au sujet de ses fondations : « Thérèse, ce n'est rien; Thérèse et vingt ducats, c'est peu de chose; mais Thérèse, vingt ducats et Dieu, c'est tout. »

Le Père Guibert en fit l'heureuse expérience, et son

1. Lettre du 26 septembre 1834 (inédite).

écu de cent sous fructifia singulièrement entre ses mains.

Le séminaire fut ouvert le 1ᵉʳ mai 1835 avec vingt-trois élèves; à la rentrée d'octobre, ils étaient au nombre de soixante. Le supérieur devait mener de front les occupations les plus diverses et cumuler toutes sortes de fonctions. Il fallait reprendre par la base la formation méthodique des candidats au sanctuaire, ajouter l'enseignement à la direction, apprendre l'oraison aux lévites et guider les ouvriers qui bâtissaient successivement, d'après ses plans et sous sa surveillance, le grand et le petit séminaire d'Ajaccio, veiller à tous les détails du spirituel et du temporel, enfin prendre part à l'administration du diocèse. Sa correspondance de cette époque, religieusement gardée dans les archives de sa Congrégation, abonde en renseignements pleins d'intérêt sur les affaires qui lui étaient confiées et met bien en saillie toutes ses qualités. Il s'y montre précis, positif, catégorique, lorsqu'il s'agit d'exposer les difficultés; patient et persévérant, quand il faut lutter contre elles; toujours soutenu dans le travail par les pensées de la foi; témoignant à ses confrères les plus charitables sollicitudes, et pénétré pour ses supérieurs d'une respectueuse déférence à laquelle s'ajoutaient, à l'égard de Mᵍʳ de Mazenod, les effusions d'une pieuse reconnaissance et d'un abandon tout filial.

Dans l'espace de six ans, à travers mille obsta-

cles, en dépit même de certaines oppositions très
nattendues, l'intelligent et courageux supérieur était
venu à bout de toutes les entreprises confiées à son
zèle. Si parfois il avait rencontré sur son chemin
des procédés regrettables et d'injustes contradictions,
il les avait fait servir aux progrès de son humilité.
Mgr de Mazenod lui ayant un jour reproché d'avoir
gardé le silence sur quelques incidents pénibles dont
il avait eu connaissance par les autres membres de
la communauté, le Père Guibert répondit à cette
affectueuse remontrance : « Je n'ai jamais attaché
assez d'importance à ces petits désagréments pour
me croire obligé à vous en faire part. Ce n'est pas
d'aujourd'hui que nous savons tous que l'on ne fait
de bien qu'à ce prix. Dans ces rencontres, il me
suffit de me souvenir que je suis le disciple de
Jésus-Christ et le vôtre pour me tenir en paix[1]. »

Bienheureuse paix! L'homme de Dieu la gardait
sans peine au milieu des humiliations et des souffrances, où son sens si juste de la vie chrétienne lui
montrait le secret infaillible des progrès dans la
vertu et de la fécondité des œuvres surnaturelles. Il
fut moins ferme et il traversa malgré lui des heures
d'angoisse, lorsque la Providence le mit tout d'un
coup en face du dessein auquel, jusqu'alors, par des
initiations successives, elle l'avait préparé à son insu.
Au mois d'août 1841, le séminaire était en vacances

---

1. Lettre du 4 août 1841 à Mgr de Mazenod, (inédite).

et le supérieur se trouvait à Vico, chez les missionnaires diocésains, Oblats comme lui. Un soir, après l'arrivée du courrier d'Ajaccio, les maisons de la ville s'illuminent soudainement et des acclamations enthousiastes retentissent dans les rues et sur les places. On venait d'apprendre la promotion du Père à l'épiscopat. Le lendemain, c'était la Corse tout entière qui criait : Vive Mgr Guibert, évêque de Viviers !

Déjà, depuis deux ans, des personnages considérables dans l'Église et dans l'État suivaient avec une sympathie marquée les œuvres accomplies par le supérieur du séminaire d'Ajaccio. Lui se félicitait d'être oublié et comme perdu dans cette île. Il était loin de penser que les hommes eussent pu donner la moindre attention à sa personne et à ses travaux. Mais il avait dû aller quelquefois à Paris pour y traiter des affaires religieuses de la Corse. Il avait vu le Nonce, plusieurs ministres, des pairs de France, des députés. Reçu par le Roi, il avait mené à bien une négociation des plus délicates et opéré un rapprochement entre Mgr de Mazenod, évêque de Marseille, et le gouvernement de Juillet. Sans faire abandonner aux parties intéressées des principes de conduite dont elles n'auraient pas voulu se départir, il avait su trouver le point où de mutuelles concessions rendaient possible une réconciliation profitable à tous. Les hommes politiques avaient été très frappés de la maturité de son jugement, de la sagesse qui présidait à toutes ses démarches, du tact parfait avec lequel ce religieux, étranger par naissance, par éducation, par goût, au commerce du monde, devinait d'instinct et s'appropriait toutes les convenances quand il traitait avec les représentants de la puissance publique. Ils savaient ce qu'il avait fait pour l'éducation du clergé de Corse; de quel crédit il jouissait auprès des autorités civiles ; avec quel mélange de fermeté et de douceur il avait surmonté ou tourné les obstacles, triomphé des oppositions; comment, enfin, malgré les divisions locales, il avait réussi à se rendre populaire et à gagner la confiance et l'affection de tous, prêtres et laïques. Déjà, en 1839, il avait été sérieusement question de le nommer à l'évêché de Gap, et il n'avait été sursis à ce projet que sur les instances de l'évêque d'Ajaccio, qui avait demandé qu'on lui laissât encore un homme dont il estimait le concours indispensable à l'achèvement des entreprises commencées. Mais en 1841, le vieil évêque de Viviers[1] ayant donné sa démission, le représentant du Saint-Siège en France se mit d'accord avec le ministre des cultes et écrivit lui-même à l'évêque d'Ajaccio pour lui dire que l'heure du sacrifice était arrivée et qu'il fallait, en vue d'un plus grand bien, consentir à se laisser enlever le supérieur de son séminaire.

Le lendemain même du jour où le Père Guibert

____

1. Mgr Bonnel de la Barthe.

avait reçu l'avis officiel de sa nomination, il écrivait
à son supérieur général la lettre suivante :

« Monseigneur et bien-aimé Père,
« Je suis si étourdi du coup, que je ne me sens
pas la force d'entrer dans aucun détail. J'irai dans
huit jours me jeter à vos pieds pour prendre vos
ordres qui ne me sont pas assez clairement connus.
A l'heure qu'il est, la Corse est en mouvement pour
célébrer un événement sur lequel je devrai pleurer
tous les jours de ma vie, s'il vient à être consommé.
Le pays s'était habitué à me regarder comme un de
ses enfants. Je vous prie de conserver la copie de la
lettre de Mᵍʳ l'internonce. Cette pièce et votre volonté
seront mes titres justificatifs au tribunal de Dieu[1]. »

Rassurez-vous, digne prêtre de Jésus-Christ, non,
vous n'aurez point à pleurer tous les jours de votre
vie sur votre élévation à l'épiscopat, comme vous
l'avez dit en empruntant aux saints le langage de
leur humilité et de leurs religieuses terreurs. Mais
l'Eglise, votre mère, et les peuples qui auront le
bonheur d'être guidés par votre houlette pastorale,
et tant d'évêques qui recevront de vos mains la plénitude du sacerdoce et pour qui vous serez tout à la
fois un père et un modèle, ne cesseront pas de remercier Dieu de votre élection.

1. Lettre du 11 août 1841, citée dans l'ouvrage du P. Rambert, tome II,

Quelques jours après, le futur évêque prenait la mer et se rendait à Marseille. Il emportait avec lui trois chemises. Un de ses disciples l'a fait remarquer : c'est le bagage d'un soldat qui change de garnison ou d'un ouvrier qui entreprend son tour de France[1]. Nous allons suivre dans ses diverses stations l'ouvrier infatigable, le vaillant soldat de Jésus-Christ.

Le pape Grégoire XVI ne tint pas de Consistoire dans la seconde moitié de l'année 1841, et l'évêque nommé de Viviers dut passer près de huit mois à Paris pour attendre ses Bulles. Il avait demandé l'hospitalité au séminaire des Missions étrangères, et il y vivait fort retiré, se préparant sans relâche par la prière et par l'étude à ses nouveaux devoirs.

Quelle idée se faisait-il alors de la haute situation à laquelle la Providence venait de l'appeler ? Dans quelles dispositions demandait-il à Dieu de l'établir et de s'acquitter dignement d'une si sainte mission ?

Vous ne m'en voudrez pas, mes Frères, de le citer encore. J'eusse tant désiré ne composer ce discours qu'avec ses propres paroles, et m'effacer entièrement derrière lui ! Voici ce qu'il écrivait le 12 novembre 1841 à un de ses confrères et amis de la congrégation des Oblats.

« Vous avez bien raison de penser que rien n'est changé en moi. Si je ne consultais que mes intérêts,

---

1. Notes publiées dans la *Semaine religieuse* de Rodez, et dont tout le monde a deviné l'auteur.

mon repos, ma tranquillité, je resterais ce que je suis. J'espère d'ailleurs pendant l'exercice de mon nouveau ministère ne pas trop m'écarter de la simplicité de ma première vocation. Je veux être un évêque simple, pauvre, missionnaire, afin que mon genre de vie rappelle ce que j'ai été, ce que je n'ai pas cessé d'être, ce que je veux être au moment de ma mort[1]. »

Combien d'hommes, pour être confondus au tribunal de leur conscience et frappés d'une inexorable flétrissure au tribunal de l'histoire, n'auront besoin que d'être mis en face de leurs propres engagements ! Voilà vos promesses et voici vos actes. Votre conduite a contredit vos paroles, et c'est à vous-même que vous avez menti, à moins peut-être que vous ne vous abritiez derrière la dégradante théorie des « sincérités successives », très appréciée des sophistes et des ambitieux, toujours si empressés de fouler aux pieds l'honneur quand il s'agit de monter aux honneurs.

J'interromps un instant la suite chronologique des événements. J'y reviendrai bientôt.

Trente-quatre ans se sont écoulés. Nous sommes en 1875. L'humble religieux qui exprimait dans le langage le plus édifiant son désir de demeurer toute sa vie, sous l'éclat extérieur des dignités ecclésiastiques, fidèle à la simplicité de sa première vocation,

1 Lettre au R. P. Aubert (inéd.).

est devenu l'archevêque de cette grande ville et cardinal. Il a résolu d'associer un autre évêque à son immense labeur. Il va lui dire de quelle façon il entend la mission et le personnage d'un archevêque de Paris. Écoutez, mes Frères, ce fragment d'une lettre écrite le 16 avril 1875. Quel écho fidèle aux pensées et aux sentiments exprimés le 12 novembre 1841 !

« Dans le temps présent, écrivait Mgr Guibert à l'évêque de Belley, il faut à Paris des archevêques qui fassent oublier le grand dignitaire, pour laisser voir surtout l'apôtre, l'ami des pauvres et des petits.

« J'ai besoin — continuait le cardinal — d'avoir à côté de moi un évêque comme vous. Je vous connais. Vous ne cherchez que la gloire du Seigneur, et vous n'êtes animé que de l'amour des âmes. Les considérations terrestres n'ont aucune prise sur vous. Les honneurs et les dignités ne vous touchent point. »

MONSEIGNEUR [1],

Tous ceux qui m'écoutent m'approuveront d'avoir fait violence à votre humilité en révélant ce secret d'une correspondance confidentielle. Je le devais à la vérité ; je le devais à l'âme de notre Père, dont elle achève de manifester les beaux sentiments ; je le devais à l'édification de votre clergé et de votre peuple

1. Mgr Richard, évêque de Belley de 1871 à 1875, préconisé archevêque de Larisse et coadjuteur de Paris avec future succession dans le consistoire du 5 juillet 1875; archevêque de Paris depuis le 8 juillet 1886.

qui ont droit de savoir pourquoi vous avez été choisi.
Aussi bien, et pour emprunter le langage de Bossuet
parlant ici-même, il y a tantôt deux siècles, devant
le fils du grand Condé: « Qu'un père si éclairé
vous ait témoigné cette confiance; qu'il se soit reposé
sur vous de choses si importantes, et qu'il soit mort
tranquillement sur cette assurance, c'est le plus beau
témoignage que votre vertu pouvait remporter et,
malgré tout votre mérite, Votre Grandeur n'aura de
moi aujourd'hui que cette louange[1]. »

Mgr Guibert fut sacré le 11 mars 1842 dans l'é-
glise de Saint-Cannat de Marseille par celui qu'il
appellera jusqu'à la fin de sa vie « son bien-aimé
père », Mgr Eugène de Mazenod, supérieur général
de la Congrégation des Oblats. Quelques jours après,
le 20 mars, il arrivait à Viviers.

Il était appelé à gouverner un diocèse éminemment
chrétien et où fleurissaient encore presque partout
une foi antique et des mœurs patriarcales. Néanmoins, une administration caduque et insuffisante
avait mis en souffrance beaucoup de services et d'intérêts. De profondes et regrettables divisions s'étaient
introduites dans les rangs du clergé. Comme au
temps où l'apôtre adressait de sévères remontrances
à l'Église de Corinthe, « celui-ci était pour Paul; cet

1. Bossuet, Oraison funèbre du prince de Condé, prononcée à Notre-Dame
le 10 mars 1687.

autre pour Apollo; un troisième se déclarait en faveur de Céphas[1] ».

Un autre péril plus grand encore menaçait non seulement le diocèse de Viviers, mais d'autres parties de l'Église de France. Des prêtres d'ailleurs respectables, et abusés sans doute par leurs bonnes intentions, s'étaient donné la mission de compléter ou de rectifier le pacte fondamental qui, depuis le commencement du siècle, règle chez nous les relations réciproques de l'Église et de l'État. Ils mettaient en avant des principes canoniques dont le Saint-Siège n'avait pas jugé à propos de faire une application rigoureuse à toutes les clauses du Concordat de 1801. En fait, on s'attaquait moins dans cette campagne à la puissance civile qu'à l'autorité des évêques, dénoncée avec fracas comme un empiètement insupportable sur les droits du clergé du second ordre, et une tyrannie contre laquelle la lutte devenait le plus sacré de tous les devoirs.

S'il est des maux que l'on guérit par la patience et au moyen de la temporisation, il en est d'autres au contraire qui s'enveniment et s'aggravent lorsque, dès le commencement, on ne les combat pas avec vigueur. C'est à la sagesse de discerner en quelles occasions il convient de se taire et d'attendre; en quelles autres il est urgent de parler et d'agir. Après s'être donné tout le temps nécessaire pour se rendre

____
1. *I Cor.*, I, 12.

compte de l'état des choses et des obligations qu'elles lui imposaient, l'évêque de Viviers prit nettement sa décision. Il vit juste, et s'il frappa fort, c'est que les rigueurs obligées d'un pouvoir décidé à se faire respecter et obéir lui permettent de tempérer plus vite ses propres avantages et de couronner sa victoire par une modération que personne ne sera tenté de confondre avec la faiblesse. Il ne fallut pas moins de quatre lettres pastorales, publiées coup sur coup dans la première moitié de 1845, pour abattre un parti fortement organisé, très tenace, et qui croyait plaire à Dieu, en se soulevant contre l'autorité chargée par Dieu lui-même de régir les affaires ecclésiastiques [1]. Aux avertissements généraux durent s'ajouter des censures infligées, dans l'entourage même du prélat, à des prêtres dont l'attitude était incompatible avec la subordination hiérarchique. Rome consultée désavoua les fauteurs de cette tentative insurrectionnelle. La promptitude et l'énergie de l'évêque de Viviers avaient épargné à l'Église de France l'humiliante et périlleuse épreuve d'une scission entre l'ordre presbytéral et les premiers pasteurs. Mais quand une sévérité nécessaire eut rempli son office, la charité reprit ses droits. Aux coupables repentants l'évêque ouvrit ses bras et son cœur. La justice et la paix s'embrassèrent : tout fut pardonné et oublié. Le diocèse entier bénit Dieu d'avoir mis en son jeune

1. *Actes des apôtres*, xx, 28.

évêque l'admirable union de la prudence qui inspire les sages conseils, de la force qui les réalise, et de la bonté qui guérit les blessures faites par la justice. *Dedit nobis Deus spiritum virtutis, dilectionis et sobrietatis* [1].

Quelques années après, dans des circonstances non moins embarrassantes, M⁰ʳ Guibert fit preuve de la même clairvoyance et d'une égale fermeté. Il s'agissait d'avertir des écrivains de talent, sincèrement dévoués à la cause catholique, mais trop enclins à confondre avec les intérêts généraux de l'Église leurs passions ou leurs griefs, et à s'affranchir de la direction des évêques sous le prétexte de dépendre plus immédiatement du Siège apostolique. Ils avaient déjà conquis par des services incontestés une influence qui leur assurait dans les rangs du clergé, en France et ailleurs, des amis nombreux et d'ardents protecteurs. On risquait fort de se rendre suspect en censurant publiquement leurs méthodes de polémique et des allures auxquelles ils étaient redevables d'une bonne part de leur crédit. Ces considérations secondaires ne purent empêcher M⁰ʳ Guibert de remplir ce qu'il estimait être un devoir de conscience. En vingt pages étincelantes de bon sens, inspirées par une charité vraiment chrétienne pour tant d'âmes que cette étrange apologétique éloignait de la foi, quand elle ne les jetait pas dans une incurable hostilité contre la reli-

---

1. *Œuvres pastorales,* tome Iᵉʳ, page 56 et suiv. Voir la notice de la *Semaine religieuse* de Rodez.

gion, il dénonça « le mal fait à l'Église par ces exagérations et par ces excès ». Il montra comment « des écrivains catholiques compromettent les meilleures causes lorsqu'ils veulent conduire les évêques au lieu de les suivre ». Enfin, et comme éclairé par des pressentiments trop justifiés, il demanda « ce qui arriverait le jour où la liberté de la presse serait de nouveau déchaînée, si l'on continuait à fatiguer le public par des discussions irritantes, uniquement faites pour provoquer une réaction formidable [1] ».

Les évêques les plus autorisés de l'époque félicitèrent vivement Mᵍʳ Guibert du courage qu'il avait déployé et du service qu'il avait rendu à l'Église. Au nombre des suffrages qui durent lui donner le plus de contentement et de sécurité, il faut mettre en première ligne celui du vénérable évêque de Marseille. Non seulement Mᵍʳ de Mazenod s'empressa d'envoyer à son disciple l'adhésion la plus chaleureuse, mais il communiqua officiellement à son diocèse et fit entièrement sienne la circulaire du 2 février 1853, qualifiée par lui de « beau monument du zèle pastoral [2] ».

L'attitude prise par Mᵍʳ Guibert; ce mélange attrayant d'énergie et de mesure; la parfaite droiture de ses intentions, lui concilièrent au plus haut degré la confiance et l'affection de son clergé. Aussi lors-

---

1. Circulaire du 2 février 1853. *Œuvres past.*, tome 1ᵉʳ, page 356.
2. Lettre à Mᵍʳ Guibert du 23 février 1853 (inéd.). Voir aussi la Collection des mandements de Mᵍʳ de Mazenod, 26 et 27 février 1853.

qu'il faudra, en 1854, transférer à Aubenas le petit
séminaire de Bourg-Saint-Andéol, d'un élan unanime,
au prix des sacrifices les plus méritoires, les prêtres
tiendront à honneur de seconder leur intrépide évêque. Chanoines, curés, vicaires, aumôniers : tous fe-
rons spontanément l'abandon d'un trimestre de leur
modique allocation. Comment d'ailleurs ne pas suivre
un chef qui donnait aux autres les exemples les plus
décisifs de l'abnégation et du désintéressement ? Quand
la construction de ce séminaire eut été décidée, l'é-
vêque de Viviers s'engagea personnellement pour une
somme considérable. Puis, afin de se procurer des
ressources plus abondantes, et de montrer à tous,
prêtres et fidèles, comment dans les idées chrétiennes
le sacrifice et l'aumône doivent se prêter un mutuel
appui, Mgr Guibert abandonna le palais épiscopal et
alla demeurer au grand séminaire, dont il s'appro-
pria le régime. Il put ainsi supprimer les dépenses
de sa maison et consacrer presque intégralement les
revenus de son siège à l'entreprise projetée. Néanmoins, après six mois, sur l'ordre des médecins, il
dut interrompre une expérience préjudiciable à sa
santé et incompatible avec les incessantes fatigues
de son ministère.

A ne parler, en effet, que des visites pastorales,
partout laborieuses, les conditions dans lesquelles
l'évêque de Viviers avait à s'acquitter de ce devoir
le rendaient exceptionnellement pénible. Il n'y a pas
encore un demi-siècle, les montagnes du Vivarais

étaient inaccessibles aux voitures. Il fallait voyager
à cheval ou à mulet ; souvent même mettre pied à
terre pour franchir certains passages plus abrupts
et plus périlleux. A l'occasion d'une de ces visites,
l'évêque resta plus de quarante jours à cheval, ex-
posé à toutes les intempéries des saisons. « Quand
nous rentrâmes à Viviers, mes compagnons et moi,
disait-il plus tard, nous étions comme les Gabao-
nites. Nos vêtements ne tenaient plus : ils avaient
perdu leur forme et leur couleur[1]. »

Cependant, Mᵍʳ Guibert ne s'était pas tellement
laissé absorber par les sollicitudes de son administration diocésaine qu'il n'eût trouvé du temps pour
d'autres services d'un intérêt plus général. Il n'était
pas seulement en correspondance avec un certain
nombre d'évêques attirés vers lui par la confiance
que leur inspiraient la sagesse, la fermeté et la
pieuse renommée de leur jeune collègue. Il avait
déjà pris sa part à des luttes où des questions de
premier ordre étaient engagées. Parmi celles qui pas-
sionnèrent le plus vivement les esprits à cette époque, il faut mettre les polémiques relatives à la
liberté de l'enseignement. Elles avaient commencé
peu après 1830 par le fameux procès de l'école libre,
dans lequel d'intrépides jeunes gens, comme Lacor-
daire et Montalembert, avaient tenu si ferme le dra-
peau de nos droits. Elles devaient agiter tout le reste

1. Voir aux Pièces Justificatives, nº 1.

du règne de Louis-Philippe, et ne trouver un apaise-
ment momentané que dans la loi de 1850, due à l'initiative de M. de Falloux, alors ministre de l'instruction publique, et édictée par un gouvernement répu-
blicain qui prenait au sérieux le mot de liberté.

Mᵍʳ Guibert crut devoir laisser à des évêques plus
anciens que lui l'honneur des combats publics dans
lesquels il lui eût été si facile de conquérir la répu-
tation d'habile et vaillant lutteur. Mais sans se départir de la réserve qu'il estimait lui être imposée
par la date récente de sa promotion à l'épiscopat,
il écrivit aux ministres d'alors plusieurs lettres con-
fidentielles [1]. A côté d'observations pédagogiques et
littéraires dignes d'un maître dans l'art d'instruire,
elles contiennent des aperçus philosophiques et politiques d'une grande portée. Le ton est grave,
élevé, ému. Il révèle l'âme d'un évêque, justement
préoccupé de l'avenir religieux des générations que
se disputent, sur le terrain de l'éducation, la liberté
des familles et le monopole de l'Etat. On n'y sent
pas moins le cœur d'un Français attristé des
maux qu'il redoute pour son pays si le gouvernement commet la faute, qualifiée par M. Thiers d'im-
pardonnable entre toutes, celle d'attenter aux consciences. Çà et là brillent des éclairs douloureusement prophétiques. La première de ces lettres, datée
du 30 avril 1843, se terminait ainsi : « Ces réflexions,

1. Elles ont été publiées postérieurement et insérées à la suite du premier volume des *Œuvres pastorales*.

Monsieur le ministre, ne me sont inspirées que par la vue des dangers qui menacent la religion en France et tout l'ordre social auquel la religion sert de base. Mes vénérables collègues dans l'épiscopat vous ont adressé autrefois avec plus d'autorité des observations dans le même sens. Si le gouvernement les négligeait, il ne nous resterait qu'à former des vœux pour que l'expérience ne lui apporte pas ses tardives leçons, en lui révélant à quelles écoles sont formés les hommes qui troublent l'ordre d'un pays et menacent l'existence des gouvernements. »

Moins de cinq ans après, une émeute, devenue en quelques heures une révolution victorieuse, emportait le régime à qui avait été adressé ce patriotique avertissement.

Les qualités administratives de M⁰ʳ Guibert l'avaient mis en évidence et, plus d'une fois, dans les premières années de l'Empire, il avait été question de le transférer à un siège archiépiscopal. Aix étant venu à vaquer, on pensa sérieusement à lui, et il reçut des ouvertures auxquelles il coupa court de la façon la plus décisive et par un motif bien digne de son excellent cœur. S'il avait accepté, il serait devenu le chef hiérarchique de son vénéré supérieur l'évêque de Marseille. Il n'y voulut jamais consentir. On a su depuis que, de son côté, afin d'avoir comme métropolitain son disciple et son fils spirituel, M⁰ʳ de Mazenod avait fait d'actives démarches. Ce dernier sortit vaincu d'un si touchant conflit, et

Mgr Guibert resta quelque temps encore à Viviers. Mais le 4 février 1857, il était appelé à l'archevêché de Tours, et ceux qui avaient autorité pour lui parler au nom de Dieu lui firent un devoir d'accepter[1].

II

Cette nouvelle période de sa vie a duré un peu moins de quinze années. Je m'arrêterai seulement aux souvenirs les plus saillants de son séjour en Touraine, je veux dire son zèle pour le culte de saint Martin; la part prise par lui à la défense du Saint-Siège; enfin le rôle exceptionnel que les circonstances lui assignèrent pendant la guerre d'invasion et les désastres de 1870 et de 1871.

Je me reprocherais cependant d'oublier l'acte de désintéressement par lequel il débuta dans cette seconde phase de sa carrière épiscopale. En arrivant à Tours, il refusa un héritage légué à l'archevêché et le rendit à la famille noble et peu fortunée « Si quelqu'un, avait dit le saint évêque d'Hippone, veut déshériter son fils au profit de l'Église, Augustin n'est pas son homme; qu'il cherche ailleurs, et puisse-t-il ne pas trouver[2]! »

1. D'après l'auteur, très bien renseigné, de la notice de Rodez, l'évêque de Viviers avait failli être appelé à recueillir la succession de Mgr Sibour à l'archevêché de Paris. Mais l'Empereur voulait avoir un cardinal pour grand aumônier, et il fit choix de Mgr Morlot.

2. *Quicumque vult, exhederato filio, hæredem facere Ecclesiam, quærat alterum qui suscipiat, non Augustinum : imo, Deo propitio, neminem inveniat* S. Aug. de vita et moribus clericorum suorum, n° 5). T. V., éd. Gaume, 2049.

Rappeler au diocèse de Tours et à la France les gloires de l'évêque missionnaire et thaumaturge du quatrième siècle ; préparer par des démarches administratives, des études artistiques et des souscriptions la construction d'une basilique digne d'un saint resté si universellement populaire ; intéresser tout l'épiscopat et le Souverain Pontife lui-même à cette œuvre de restauration ; profiter chaque année de la fête du 11 novembre pour tenir en haleine la charité des fidèles : ces pieuses sollicitudes inspirèrent à l'archevêque de Tours des lettres pastorales toutes remplies de la plus tendre dévotion envers saint Martin.

Si le temps lui manqua pour réaliser cette entreprise, il eut du moins la consolation de penser qu'il avait laissé à ses successeurs les moyens pratiques de l'exécuter. Jusqu'à la fin de sa vie, il en a suivi les vicissitudes avec le plus vif intérêt, tant cette œuvre lui tenait à cœur. Ressembler à saint Martin, et marcher sur ses traces : c'était le désir le plus intime de son âme. « Nous avons à demander pour nous-même à ce grand évêque, écrivait-il en 1866, un peu de cette flamme sacrée dont il était dévoré pour étendre le royaume de Dieu sur les âmes ; son inépuisable charité pour les souffrances des pauvres ; sa prudence et sa fermeté apostolique dans les saints combats de la foi. Puissions-nous, le regard fixé sur ce parfait modèle, nous inspirer sans cesse de l'exemple de ses vertus et, dans tous les actes de notre ministère sacré, ne jamais rien faire qui soit indigne de la mémoire de cet incomparable Pontife[1]! »

Vous aller juger, mes Frères, si cette humble prière fut exaucée, par celui que saint Pierre Damien appelait « la lumière des moines, la règle vivante des clercs, la gloire et la perle des évêques[2] ».

Mgr Guibert avait demandé à saint Martin « la prudence et la fermeté apostolique dans les saints combats de la foi ». Les épreuves qui assaillirent la papauté depuis la guerre d'Italie jusqu'à l'entrée de l'armée piémontaise à Rome, le 20 septembre 1870, lui donnèrent de nombreuses occasions de déployer ces qualités dominantes de son caractère et de sa vertu.

Je ne viens pas résumer ici, même à grands traits, les phases diverses de ce qu'on appelait alors « la question romaine ». Je laisse à l'histoire la mission d'évoquer à son tribunal les gouvernements et les hommes qui se partagèrent à cette époque la lourde responsabilité des événements dont la conclusion devait être et a été la ruine du pouvoir temporel du Saint-Siège.

Les documents abondent pour étudier sur toutes ses faces un problème qui attend encore de la justice de Dieu et de la sagesse des hommes une solution à laquelle ne sauraient suppléer ni les verdicts de la

---

1. Œuvres, t. II, p. 363.

2. *Gloria sacerdotum, gemma pontificum, clericorum forma, lumen confessorum.*

force, ni la morale immorale des faits accomplis. Pendant cette période, il n'est pas un seul membre de l'épiscopat français qui n'ait entrepris de défendre, avec les droits de la papauté et la personne du pape, une grande cause et une poignante infortune. Deux évêques, parmi les autres, furent les éloquents interprètes des douleurs et des appréhensions de l'Église. L'un excella surtout à condenser dans des instructions synodales et de savantes homélies tous les arguments de la théologie, du droit canon, de l'histoire ecclésiastique : j'ai nommé l'éminent évêque de Poitiers, devenu plus tard cardinal. L'autre, vaillant comme cette Jeanne d'Arc dont il fut toute sa vie le fervent chevalier, se montra partout le premier aux rudes assauts et aux rencontres périlleuses. L'évêque d'Orléans méritait dès lors, avec les remerciements réitérés du Saint-Père, les éloges que devait lui décerner plus tard le cardinal Guibert, devenu son métropolitain, vengeant contre une inqualifiable ingratitude la mémoire de cet intrépide champion de la souveraineté pontificale.

L'énergie avec laquelle, de son côté, M⁣gr Guibert affirma les droits séculaires du Saint-Siège et dévoila les conséquences d'une politique d'abandon fatale aux intérêts de la France et contraire à ses traditions les plus glorieuses, lui valut à diverses reprises les rigueurs du pouvoir, ostensibles ou cachées. On peut ranger parmi ces dernières le démembrement de l'antique province de Tours, promis par l'Empereur à la ville de Rennes, sans qu'on eût pris la peine de consulter le métropolitain. Ce manque d'égards, auquel il ne fut pas insensible, ne le fit cependant jamais dévier de la ligne de conduite où il s'était établi dès le commencement et dans laquelle il persévéra jusqu'à la fin : ne jamais craindre d'une crainte servile les puissants de la terre et ne jamais les braver. *Non te terremus, qui nec timemus*[1].

Avant que la question italienne eût abouti à la catastrophe finale du mois de septembre 1870, et fait Pie IX captif dans sa propre capitale, Rome avait vu se tenir à la basilique Vaticane les assises solennelles d'un concile œcuménique. L'archevêque de Tours y assista et, sur la désignation personnelle du Pape, fut appelé à siéger dans une des principales commissions synodales. Je n'ai point à retracer ici l'histoire de cette grande assemblée. Mgr Guibert n'avait pas été du nombre des prélats résolus, avant même la réunion du concile, à faire du dogme de l'infaillibilité pontificale l'objet principal de ses délibérations[2]. Mais une fois la question posée, il estima nécessaire de la résoudre dans le sens de la définition formulée ultérieurement par la constitution *Pastor æternus*. Obligé, à cause de sa santé gravement compromise, de quitter Rome sur l'ordre exprès du

---

1. Mot de Tertullien (*ad Scap.*, I) cité par l'archevêque de Tours dans sa lettre à M. Rouland (*Œuvres*, II, 462).

2. Il aimait à citer ce mot de Mgr de Mazenod : « Les évêques doivent exalter le Pape en le portant sur leurs épaules; mais pour cela, il faut qu'ils soient debout. » Voir aussi la notice de Rodez.

Pape, antérieurement à la séance du vote final, il tint
à consigner, dans une lettre adressée au Saint-Père,
son entière adhésion à la définition projetée. Il a donc
pu dire en toute vérité, qu'il avait été le premier de
tous les évêques à voter l'infaillibilité doctrinale du
pontife romain.

A peine était-il rentré dans son diocèse pour y
refaire ses forces épuisées par les travaux conciliaires
et le climat de Rome qu'éclatait la guerre de 1870.
Les revers succèdent aux revers; Sedan à Reichshoffen;
l'invasion de la Champagne à celle de l'Alsace et de la
Lorraine; l'investissement de Paris à la capture en
masse d'une armée de plus de cent mille hommes
emmenée prisonnière au delà du Rhin. Les malheurs
de la guerre se compliquent d'une révolution politique et d'un changement de gouvernement. Pour
donner une idée d'un tel chaos, il faudrait la langue
pathétique et les éclats de foudre d'un Bossuet. Oui,
vraiment, « tout est en proie » et « Jérémie lui-même,
qui seul semble être capable d'égaler les lamen-
tations aux calamités, ne suffirait pas à de telles
infortunes [1]. »

A mesure que le flot des ennemis victorieux avan-
çait, il fallait déplacer le siège des affaires. Les
temps du roi de Bourges étaient revenus, mais non
hélas! ceux de la Pucelle libératrice! Pendant trois
mois, Tours eut le triste privilège de devenir la

---

[1]. Bossuet, Oraison funèbre d'Henriette de France.

capitale de notre pauvre France, haletante, ensanglantée, mutilée ! Les chefs du gouvernement demandèrent et reçurent l'hospitalité chez l'archevêque.

Le rôle de Mˢʳ Guibert allait grandir avec les événements, et lui permettre de déployer, de la façon la plus utile pour l'Église et pour la Patrie, tout ce que Dieu avait mis en lui de sagesse, de courage et de charité.

Investi d'une délégation spéciale de Pie IX, il fait d'abord revivre en lui ces évêques d'autrefois, qu'on avait vus se jeter, héroïques médiateurs, entre des armées belligérantes pour les amener à déposer les armes. Il faudrait pouvoir citer textuellement ici la lettre admirable dans laquelle le Pape, oubliant ses propres douleurs pour ne penser qu'à celles des pauvres hommes accablés par les maux de la guerre, suppliait les chefs des peuples d'entendre à des propositions de paix. L'archevêque de Tours traduisit dans un langage plein d'élévation les intentions et les vœux du Souverain Pontife[1]. De part et d'autre, ces ouvertures furent accueillies avec respect. Mais les choses étaient sur une pente où aucune force humaine n'était capable de les retenir. Il semblait écrit que notre malheureuse patrie dût boire jusqu'à la lie le calice amer des douleurs et des humiliations. *Dolore repleberis et calice mœroris*

1. Voir aux Pièces justificatives, nᵒˢ II et III, les lettres du Pape et de l'archevêque de Tours (documents inédits).

*et tristitiæ, et bibes illum et epotabis usque ad fæces,
et ubera tua lacerabis*[1].

Pour défendre leur village envahi, quelques paysans de Touraine avaient tiré sur les troupes allemandes. Saisis, jugés, condamnés sommairement, ils allaient être fusillés. On obtient cependant un sursis de quelques heures. L'archevêque, averti par deux charitables dames, écrit au général prussien et sollicite avec instance la grâce des condamnés. Elle est accordée ; mais, comme prix de cette faveur, on lui demande d'user de son influence pastorale pour dissuader ses diocésains de résister par la force à l'invasion ennemie.

L'évêque a tenu le langage d'un père, quand il s'est agi de sauver la vie de ses enfants : le cœur du Français ne parlera pas moins haut devant une proposition qui lui paraît incompatible avec l'honneur. Écoutez, mes chers concitoyens, et applaudissez cette fière réponse : « Il répugnerait absolument à mon patriotisme de donner des instructions publiques qui pourraient avoir pour effet d'affaiblir la défense nationale[2]. » Je dis ici, et nous dirons tous avec Bossuet : « Il est certain que la France n'a pas eu d'âme plus française que la sienne . »

Toutefois, dans cette succession inexorable d'émotions violentes, renouvelées presque chaque jour pen-

1. Ézéch., xxiii, 34.
2. Lettre au général Ostermann, du 27 janvier 1871 (inédite).
3. Oraison funèbre de Nic. Cornet.

dant plusieurs mois, il y eut, comme dans les drames de Shakespeare, quelques épisodes ou intermèdes moins tragiques. Ce n'est pas seulement dans son palais, c'est à sa propre table que Mᵍʳ Guibert avait reçu, avec leurs familles, plusieurs membres du Gouvernement.

Le célèbre avocat israélite Crémieux, alors ministre de la justice, et Mᵐᵉ Crémieux prenaient leurs repas avec le Prélat et les aures prêtres de sa maison, au grand étonnement, sinon au scandale des serviteurs de l'archevêché.

On ne pouvait pas toujours parler guerre ou politique. Il y avait quelquefois place pour d'autres sujets où l'archevêque déployait la sagacité de son intelligence, sa culture littéraire, et sur toutes choses une parfaite dignité. Sans jamais cesser un seul instant d'être évêque, il savait se montrer homme d'esprit et du meilleur esprit. Il gagna très vite non seulement le respect, mais l'affection de ses hôtes improvisés. A peine arrivé à Bordeaux, où l'on avait dû reporter précipitamment la direction des affaires générales, M. Crémieux lui écrivait le 12 décembre 1870, pour le remercier de « l'hospitalité si douce et si dévouée » donnée à sa famille, à ses collaborateurs, à lui-même, et rappeler avec toute l'émotion de la reconnaissance « la paix profonde dont avaient joui ensemble, durant ce séjour, l'Ancien et le Nouveau Testament[1] ».

1. Lettre de M. Crémieux, Bordeaux, 12 décembre 1870 (inéd.).

Provoqué par ces allusions bibliques l'archevêque répondit : « Où se trouverait la vertu d'hospitalité tant recommandée dans les livres saints si elle n'était pas dans le cœur des ministres de la religion ? Vous me témoignez, Monsieur le garde des Sceaux, votre satisfaction du bon accord qui régnait ici entre l'Ancien et le Nouveau testament. Rien n'est plus simple, puisque les deux testaments n'en font qu'un. Au milieu du scepticisme ignorant et stupide que l'on rencontre partout, j'étais édifié de me trouver en relations avec un homme qui croit à quelque chose. Aussi, je demande à Dieu, dans mon humble prière, que la lumière se fasse complète dans un esprit aussi distingué que le vôtre[1]. »

M. Crémieux n'a pas assez vécu pour savoir quelle tempête de récriminations et d'injures fût venue l'assaillir quelques années plus tard, si on l'avait pris en flagrant délit de croyance religieuse et de respectueuse gratitude envers un ministre de Jésus-Christ.

D'ailleurs, tout en faisant de très bonne grâce les honneurs d'une hospitalité simple et cordiale à ces personnages politiques, rien ne pouvait distraire des intérêts de l'Église l'attention de l'archevêque de Tours.

Il avait été expressément autorisé par le Pape à traiter des affaires ecclésiastiques avec les membres

1. Lettre du 18 décembre 1870 (inéd.).

du Gouvernement. Ceux-ci, flattés que le Saint-Siège
les eût admis à exercer les prérogatives concorda-
taires, ne demandaient pas mieux que d'en faire un
usage équitable et conciliant. Les égards pleins de
courtoisie dont l'archevêque avait entouré des hommes
étrangers, non seulement à ses habitudes, mais à sa
religion, tournaient en définitive au profit de la Religion [1]. C'était une nouvelle victoire remportée par
la charité et par la sagesse auxquelles, lorsque cela
devenait nécessaire, le successeur de saint Martin
savait unir une inébranlable fermeté.

On annonça un jour l'arrivée à Tours du fameux
condottière devenu tristement célèbre par ses hardis
coups de main contre le Saint-Siège et sa haine irré-
conciliable du clergé et de toutes les institutions
catholiques. Un instant, il fut question de le recevoir à l'archevêché. Mgr Guibert, blessé tout à la
fois dans son patriotisme et dans sa piété envers
l'Eglise, déclara nettement qu'il quitterait son palais
la veille du jour où Garibaldi en franchirait le seuil.
L'entrevue projetée entre l'Italien et les chefs du
Gouvernement français eut lieu à la préfecture.

La guerre était enfin terminée. Deux belles pro-
provinces et cinq milliards de contribution, sans
compter les morts qui, de la Loire à la Baltique et

1. C'est ainsi que, sur l'initiative de Mgr Guibert, le gouvernement con-
sentit à pourvoir deux sièges épiscopaux qui vaquaient depuis longtemps,
celui d'Agen, auquel fut nommé M. d'Outremont, chanoine de Tours, et celui
de la Martinique, auquel fut nommé M. Fava, aujourd'hui évêque de Gre-
noble.

de la Meuse à la Saône, avaient laissé leurs ossements sur les champs de bataille ou dans les cimetières des forteresses allemandes : telle était la rançon de la France humiliée et vaincue. Aux termes du traité, notre territoire devait demeurer occupé durant plusieurs mois par l'armée ennemie. Ses régiments, échelonnés dans la banlieue de Paris, étaient en vue des tours de Notre-Dame. Tout d'un coup, l'horreur d'une guerre sociale vient s'ajouter à nos désastres. A peine sortie d'un long siège héroïquement supporté, la capitale tombe aux mains d'un pouvoir insurrectionnel. Le gouvernement légitime, issu d'une élection nationale, s'est retiré à Versailles. La Commune s'organise. Une lutte épouvantable fait couler à flots le sang français, sous le regard méprisant et cruel de nos vainqueurs. Ces boucheries fratricides durent six semaines. Enfin, à l'heure où l'armée, commandée par d'intrépides généraux, voyait le succès couronner ses efforts, Paris en convulsion devenait un théâtre d'incendies et d'assassinats. Au milieu de scènes qui rappellent l'enfer du Dante, d'horribles massacres étaient la réponse désespérée d'une bande de forcenés à la victoire des soldats de l'ordre et de la patrie. Bientôt se répand par toute la France une nouvelle sinistre. Les otages, pris dès le commencement de cette orgie révolutionnaire, ont été passés par les armes Des magistrats, des journalistes, des prêtres, des religieux, des séminaristes, des gendarmes, ont été tués. Au nombre des victimes, se trouve l'archevêque de Paris. Ici même, il y a quinze ans, invité à prendre la parole pour rendre un suprème hommage au Pontife qui avait jeté tant d'éclat sur ce siège, et qui était mort à la façon des martyrs en bénissant ses bourreaux, je n'avais guère pu que redire et commenter, du haut de cette chaire, le cri plaintif du Sauveur : « Jérusalem, Jérusalem! toi qui tues les prophètes et lapides ceux qui te sont envoyés[1]! »

Cependant l'ordre se rétablit. Au milieu de ruines fumantes, une société régulière recommence à vivre. Il s'agit de donner un successeur à l'archevêque assassiné. Où le prendre? A qui demandera-t-on de mettre l'huile et le vin sur les blessures de la capitale? de prêcher la concorde à ces fils de la même patrie? de porter à ces faubourgs exaspérés des paroles de paix? de rappeler leurs devoirs sociaux à ceux qui disposent du pouvoir, de l'influence, de la fortune? d'être enfin, dans des jours encore troublés, au contact de passions frémissantes, le « pontife de la réconciliation[2] »? Il sera bien permis d'admirer ici les combinaisons de cette Providence qui fait tout avec « nombre, poids et mesure[3] ». Elle savait où elle en voulait venir lorsque, quelques mois avant cette sanglante tragédie, elle

1. Oraison funèbre de Mgr Darboy, prononcée à Notre-Dame le 18 Juillet 1871.
2. *Ecclésiast.*, XLIV, 17.
3. *Sagesse*, XI, 21.

conduisait chez l'archevêque de Tours les principaux chefs du gouvernement.

M. Thiers eut le grand mérite de comprendre cette indication. Enfant d'Aix comme M⁗ Guibert, il avait suivi à travers toutes les péripéties de sa carrière l'ancien supérieur du séminaire d'Ajaccio. Il avait admiré comment, sous les régimes les plus divers, ce prélat avait su concilier ses devoirs envers l'Église avec ses obligations envers l'État; ne jamais laisser porter la moindre atteinte aux droits sacrés dont il était le défenseur, et entretenir avec les représentants du pouvoir civil des relations pleines de convenance et de bon vouloir. Il savait qu'il était resté toujours le pasteur selon l'esprit de l'Évangile, dominant les passions et les divisions de la politique, uniquement occupé des fonctions de son apostolat, invariablement fidèle à se faire tout à tous dans une surnaturelle impartialité.

Le témoignage de M. Crémieux n'avait pu que confirmer dans ses appréciations le chef du pouvoir exécutif. Il résolut de proposer à M⁗ Guibert l'archevêché de Paris, et il fit partir pour Tours l'homme qu'il estimait le plus capable de réussir dans une démarche difficile. Malgré toute la souplesse de son esprit et les merveilleuses ressources de sa parole, M. Jules Simon faillit échouer. M⁗ Guibert alléguait ses soixante-neuf ans et la nécessité de confier à un évêque plus jeune la houlette pastorale tombée des mains ensanglantées de M⁗ Darboy. D'autre part, ne de-

vait-il pas à saint Martin de rester à Tours et de
lui élever le sanctuaire pour lequel, depuis quatorze
ans, il n'avait cessé de provoquer et de recueillir les
souscriptions de la France? L'habile négociateur ne
manqua pas de mettre en avant le motif qu'il estimait le plus propre à résoudre ces objections. Que
venait-il offrir à son interlocuteur, sinon la perspec-
tive, peut-être la probabilité d'avoir un jour, comme
la victime du 24 mai, à gravir le sinistre calvaire
qui s'appelle Mazas et la Roquette? L'archevêque
était visiblement ému. Toutefois, avant de donner une
réponse définitive, il demanda de consulter quelqu'un
dont il prenait toujours conseil dans les circonstances
graves. Rien n'était plus juste. Mais le ministre
devait repartir dès le lendemain. Combien de temps
serait nécessaire pour prendre cet avis ou ce conseil?
« Je n'ai pas besoin de plus d'une heure, » répondit
Mgr Guibert. Puis, après un moment de silence, il ajouta :
« Pourquoi ne vous dirais-je pas le nom de celui que
je vais consulter : c'est JÉSUS-CHRIST. » — Après une
heure passée dans sa chapelle, devant le Saint-
Sacrement, l'archevêque allait porter lui-même sa
réponse à M. Jules Simon, et, tout en réservant la
décision souveraine du pape, il acceptait. Voilà, mes
Frères, la pensée et la parole de foi qui vous ont
donné votre archevêque au mois de juillet 1871 [1].

1. Je tiens ces précieux détails de la bouche de M. Jules Simon. Ils rectifie-
ront d'assez graves inexactitudes qui se sont glissées dans plusieurs biogra-
phies du Cardinal.

La réponse de Rome ne tarda pas à venir, conforme aux désirs du gouvernement, aux vœux et aux besoins du diocèse de Paris. Quelques semaines après, Mgr Guibert quittait la Touraine. A l'exemple du saint évêque loué par le moine de Clairvaux, il allait avec intrépidité, tenant son âme entre ses mains, désireux de la prodiguer sans mesure à ceux dont il devenait le pasteur et le père. *Animam suam in manibus suis posuit ; accessit intrepidus : suscepit Archiepiscopatum* [1].

Il se faisait précéder par un mandement dans lequel je relève ce cri si bien fait pour lui ouvrir le cœur de ses nouveaux fils :

« O Paris ! tu n'aurais pas eu la puissance de nous attirer vers toi dans les jours de ta gloire, alors que les rois et les peuples venaient admirer la magnificence de tes monuments et toutes les merveilles de l'art renfermées dans tes murs. Nous aurions volontiers laissé à d'autres l'avantage de partager tes prospérités. Mais aujourd'hui que tu es plongé dans le deuil, accablé sous le poids de l'infortune et de l'humiliation, la vue de tes souffrances nous touche vivement et nous inspire un amour que Dieu seul connaît, parce que c'est lui qui le met dans notre cœur [2]. »

A ces accents, le diocèse de Paris put pressentir

1. S. Bern., *I Serm. de S. Mal.* n° 6. Voit aux pièces justificatives n° IV la lettre de Mgr Guibert à M. Thiers, en date du 23 juillet 1871 (inédite).

2. Œuvres, tome III, p. 91.

de quelle grâce il allait être redevable à Dieu dans le don du pontife envoyé à ses détresses, et qui apportait avec lui, après trente années d'épiscopat, l'alliance plus féconde que jamais de la force, de la douceur et de la sagesse. *Dedit nobis Deus spiritum virtutis et dilectionis et sobrietatis.*

III

A peine installé, le nouvel archevêque se met au travail. Les pauvres auront la place d'honneur dans ses sollicitudes, et il leur consacre les premières pages qu'il ait datées de Paris pour les adresser à son clergé. Quelques semaines après, au commencement de 1872, la charité lui inspirait la création d'une œuvre destinée à recueillir les nombreux orphelins auxquels nos récents désastres avaient enlevé leurs appuis naturels et tout moyen d'honnête éducation. Le peuple de Paris apprit bien vite à connaître le pasteur vraiment évangélique, incliné tout d'abord, et comme d'instinct, vers les humbles et les petits, fidèle aux constantes aspirations de sa vie religieuse et aux engagements qu'il avait pris vis-à-vis de lui-même dès le début de son épiscopat.

Les églises des quartiers qui avaient le plus souffert des luttes effroyables de 1871 eurent les prémices de ses visites, de préférence aux riches paroisses du centre de la capitale. On le voyait arriver en son modeste équipage, traîné par cet unique cheval dont le nom était devenu légendaire. Mais « il lui suffisait de se montrer avec l'appareil de ses vertus [1] ».

Moins d'un an après son arrivée à Paris, il adoptait et faisait entièrement sienne une inspiration née du vif sentiment de nos infortunes publiques et du besoin d'une assistance extraordinaire de la part de Celui « de qui relèvent tous les empires, et qui donne *aux peuples*, quand il lui plaît, de grandes et de terribles leçons ». Il s'agissait de convier la France entière à l'érection d'un sanctuaire d'où monterait jusqu'au cœur du Dieu rédempteur une prière perpétuelle en faveur d'un pays châtié et malheureux. Les difficultés du projet n'étaient pas de nature à effrayer son calme et intrépide courage : « Toi, avait dit un jour à l'évêque de Viviers son ancien supérieur des oblats, Mgr de Mazenod, avec la touchante familiarité des vieilles habitudes et l'originalité du style provençal ; toi, tu es un perce-montagne [2]. » Mgr Guibert avait fait en Corse, à Viviers, à Tours, l'apprentissage des longues et coûteuses entreprises. Les centaines de mille francs avaient répondu à ses appels quand il voulait élever une basilique à saint Martin. Il avait droit de compter sur les millions quand il s'agirait de bâtir le temple des réparations et des espérances nationales. La

1. Bossuet. *Panég. de saint Sulpice.*
2. *Siès un traouco-mountagno.* Appliquée aux obstacles exceptionnels qu'ont rencontrés les architectes pour asseoir sur des fondements solides la basilique de Montmartre, on pourrait dire que cette parole avait quelque chose de prophétique.

France catholique lui a donné raison. Puisse bientôt son digne successeur avoir la joie de consacrer solennellement cette Église splendide, entouré des évêques de France, unis à lui dans le partage des mêmes sentiments de religion et de dévouement à la patrie[1]!

Parallèlement à cette œuvre de prière et d'expiation, il entreprit et réalisa, grâce à votre concours, Messeigneurs, la fondation d'un grand établissement d'enseignement supérieur. Commencé sous les auspices d'un régime de sincère liberté, continué à travers des difficultés politiques et législatives qui, malgré les dévouements les plus généreux, lui ont fait subir de douloureuses mutilations, l'Institut catholique de Paris poursuit vaillamment sa mission d'apostolat scientifique et de préservation sociale. Le cardinal n'a-t-il pas garanti l'avenir d'une création si importante quand il l'a placée sous la direc-

---

1. Il y aurait peut-être lieu de faire remarquer ici combien, dans tous les sens du mot, au propre et au figuré, Mgr Guibert a eu le génie de *l'édification*. Préposé à un petit pèlerinage perdu dans les montagnes des Alpes, il débute par un clocher dont il dote le sanctuaire de Notre-Dame du Laus. C'est l'œuvre de sa jeunesse : ce n'est pas celle qui lui tiendra le moins à cœur et dont il sera le moins fier. Envoyé en Corse pour assembler les pierres vivantes du sanctuaire et former à la science ecclésiastique et à la piété les futurs ministres des autels, il mettra la main à la truelle et bâtira le grand séminaire d'Ajaccio. Viviers lui est redevable de la chapelle du petit séminaire de Vernoux et de la construction totale du petit séminaire d'Aubenas, où l'on peut affirmer qu'il fit lui-même bien souvent les fonctions d'entrepreneur et de contremaître. Il laisse à Tours les fonds nécessaires à l'érection d'une grande église en l'honneur de saint Martin. Enfin, sa mission de *bâtisseur* se proportionnant pour ainsi dire à ses ascensions dans la sainte hiérarchie, le cardinal-archevêque de Paris finira par la basilique aux proportions colossales qui, pendant des siècles, perpétuera sur les hauteurs de Montmartre son nom et son souvenir.

tion du jeune et intelligent prélat[1] qui la fait tous les jours davantage estimer de ses amis et respecter de ses rivaux?

Moins encore à Paris qu'à Tours ou à Viviers, je puis suivre dans le détail de ses occupations pastorales l'infatigable archevêque. Si jamais administrateur a réalisé la loi qui, d'après Aristote, préside au gouvernement du monde, c'est bien lui. Il était par excellence « le premier moteur immobile[2] ». — « C'est un solitaire, » disait un jour de lui un directeur des cultes. Il est vrai, et lui-même ne cachait pas sa prédilection pour la solitude et le recueillement[3]. Mais voyez-le, ce solitaire, il est partout; son regard n'oublie rien; sa main est dans toutes les entreprises du zèle et de la charité[4]. Cette gravité imperturbable, qui n'a rien de commun avec la fiévreuse précipitation de l'époque actuelle et semble n'avoir pas conscience de la fuite rapide des heures et des années, ne l'empêche pas d'être toujours prêt et de se trouver ordinairement le premier, véritable *antistes*, partout où il y a un droit à défendre, une infortune à secourir, une bataille à livrer pour l'honneur de Dieu, la liberté de l'Église, le bien spirituel des âmes.

1. Mgr Maurice d'Hulst, prélat de la maison du Pape, vicaire général de Paris.
2. Aristote. *Métaphysique*, l. XII.
3. Lettre à Mgr de Mazenod, du 24 avril 1855 (inéd.).
4. *Hæc duo, hoc est tranquillam actionem et actuosam tranquillitatem consociavit. (S. Greg. Naz. in laudem S. Athanasii, n° 20).*

J'ai dit comment, dès 1875, il s'était assuré la collaboration, et, autant que le permettaient les incertitudes de la destinée humaine, la survivance d'un autre lui-même. Tranquille du côté de sa succession, il entra de plus en plus dans la plénitude du rôle auquel la Providence l'avait visiblement prédestiné. Sans rien négliger des devoirs innombrables, inhérents à l'administration d'un diocèse pour lequel, selon son témoignage, six évêques ne seraient pas de trop[1], il eut cependant, grâce à l'intelligente activité qui se dépensait modestement près de lui, plus de temps et plus de forces pour s'occuper des intérêts généraux de l'Église.

Il en avait reçu la mission officielle par sa promotion au cardinalat. Ce fut au mois de décembre 1873 qu'il fut revêtu de la pourpre. Le petit-fils du cardeur de laine était bien arrivé au faîte des honneurs. Mais, suivant le mot du comte Molé appliqué à un de ses illustres prédécesseurs (Mgr de Quélen) : « Il y avait dans ses manières et ses dehors quelque chose de si noble, une dignité si naturelle et si facile que, plus il s'élevait, plus il semblait prendre possession de lui-même[2]. »

L'heure était venue où ses dons de nature et de grâce, arrivés à leur plein développement, et le surcroît d'autorité résultant de sa haute situation dans l'Église et devant l'État, allaient assurer à la défense

---

1. Lettre du 20 juin 1875 à Mgr Richard (inéd.).
2. Discours prononcé à l'Académie française le 20 décembre 1840.

de la religion les secours les mieux appropriés à ses besoins et à ses périls.

J'arrive ici, mes Frères, à la partie la plus difficile de ce discours. Avec l'aide de Dieu, j'y veux entrer en m'inspirant de l'exemple de celui même dont j'ai tant étudié le caractère. Je parle devant les autels du Roi immortel des siècles et au nom de la sainte Eglise catholique, de qui j'ai reçu l'honneur d'avoir à louer ce grand évêque. Je lui dois, et je me dois à moi-même de dominer les passions qui troublent le jugement et altèrent la gravité de la parole. Si j'aborde des questions délicates (j'y serai obligé), je le ferai, je l'espère, avec la franchise qu'exigent de moi le ministère dont je suis chargé, le pays qui m'écoute, la mémoire du Pontife intègre et intrépide que jamais aucun calcul terrestre, aucune mesquine ambition n'empêchèrent de dire la vérité et de remplir son devoir. Mais sa vie tout entière est là pour m'avertir que les emportements de la violence n'ont rien de commun avec le vrai courage, et que la fermeté apostolique doit avoir pour compagne inséparable la charité, dont les serviteurs de Dieu sont redevables à tous les hommes, mais surtout peut-être à leurs adversaires et à leurs persécuteurs : *Dedit nobis Deus spiritum virtutis et dilectionis et sobrietatis.*

En appelant Mgr Guibert à l'archevêché de Paris, M. Thiers avait eu à un degré supérieur le sentiment des conditions auxquelles était subordonné le relèvement de la France.

Nous lisons dans nos Livres saints que lorsque Nehemias fut envoyé à Jérusalem pour rebâtir ses citadelles, ses murailles, ses maisons abattues, il fit appel à tous les habitants. Magistrats, marchands, soldats, ouvriers, lévites, et, au milieu d'eux, le grand prêtre lui-même, ne trouvant dans sa haute dignité qu'un motif plus pressant de donner l'exemple à ses concitoyens : tous se mirent à l'œuvre. Cette unanimité d'efforts déconcerta les ennemis de Jérusalem. Ils se sentirent impuissants à empêcher sa résurrection. Elle sortit de ses ruines forte, majestueuse, redoutée, respectée. Honneur au bon sens et au patriotisme qui avaient fait cette concorde si féconde en glorieux résultats[1]!

Après nos malheurs, ce n'eût pas été trop non plus, chez nous, de l'union de toutes les classes pour travailler en commun à guérir les blessures de la France.

De notre côté, je puis l'affirmer, nous appelions de nos vœux les plus ardents cette union nécessaire, et nous eussions regardé comme une félonie de n'y pas travailler de toutes nos forces. Nul, d'ailleurs, ne pourra dire que les nouvelles institutions auxquelles la France s'était ralliée fussent regardées par les catholiques comme incompatibles en elles-mêmes, avec la jouissance paisible de leurs droits et de leurs libertés.

« Voyageant comme une étrangère parmi tous les

____

1. *II Esdr.*, ch. III, 6.

peuples du monde, dit excellemment Bossuet, l'Église de Jésus-Christ n'a point de lois particulières touchant la politique... En ce qui regarde le gouvernement, elle suit les lois du pays où elle fait son pèlerinage ; elle en révère les princes et les magistrats : c'est le seul commandement politique que le Nouveau Testament nous ait donné[1]. »

Appelé à exercer le ministère épiscopal pendant près d'un demi-siècle ; ayant vu le pouvoir passer successivement de la monarchie parlementaire à la seconde République, puis à l'Empire, tour à tour autoritaire et libéral, enfin à la République actuelle, Mgr Guibert avait les raisons les plus expérimentales de maintenir dans une surnaturelle indépendance l'apostolat dont le christianisme a été chargé pour toutes les sociétés humaines. « L'Église, disait-il, laisse au libre arbitre des peuples et des souverains les formes du gouvernement et les lois qui régissent les intérêts temporels. Sa mission est d'enseigner et de maintenir les vérités religieuses qui sont le fondement de tout ordre social[2]. »

Par ces sages déclarations, auxquelles beaucoup

1. Bossuet. *Panég. de saint Thomas de Cantorbéry.*

2. Œuvres, t. IV, p. 94. Il disait encore dans la lettre qu'il adressait à M. de Freycinet, président du Conseil, au sujet des décrets dirigés contre les Congrégations :

« L'Église catholique a reçu de son divin fondateur une constitution qui lui permet de n'identifier sa cause à celle d'aucun régime politique, et par là même de n'en exclure aucun. Elle a vécu dans tous les temps à côté de gouvernements fort divers, et ses relations ont été pacifiques et même affectueuses avec tous les pouvoirs qui se sont montrés justes et bienveillants. (Œuvres, t. IV, p. 241).

d'entre nous donnèrent l'adhésion la plus explicite, et qui furent plusieurs fois sanctionnées par l'autorité suprème du Saint-Siège, il avait pris soin d'écarter toute équivoque, de rendre impossible tout malentendu, pour quiconque voudrait examiner sans parti pris les dispositions dont l'Église était animée envers le nouveau gouvernement.

Il était évident que les relations entre les deux pouvoirs allaient dépendre de la manière dont elle-même serait traitée, des facilités ou des obstacles qu'elle rencontrerait dans l'accomplissement de son mandat spirituel.

Prendre l'offensive eût été de sa part une faute; j'ajoute, sans hésiter, une ingratitude. Pouvait-elle oublier que la République de 1848 lui avait rendu sans défiance ses conciles et ses assemblées synodales; s'était portée spontanément au secours de Pie IX; avait donné aux catholiques la liberté de l'enseignement secondaire; enfin, n'avait pas craint en toute occasion d'inviter la religion à ses solennités, où elle lui assignait une place d'honneur? A combien de cérémonies de ce genre nos vingt ans n'avaient-ils pas assisté quand, l'épée au côté ou le fusil au bras, nous escortions dans les rues ou sur les places de Paris les ministres du culte, appelant sur nos fêtes civiques les bénédictions d'en haut, précédés de cette croix qu'on chasse outrageusement aujourd'hui de l'école, du prétoire, du chevet des mourants?

L'Église ne demandait donc pas mieux que de vivre en bonne intelligence avec le régime qui avait recueilli chez nous la succession de l'Empire. Elle ne réclamait, suivant le mot de Bossuet, que de pouvoir cheminer en paix à travers nos révolutions et nos constitutions, uniquement soucieuse de faire le bien et de remplir envers tous les hommes son ministère d'enseignement et de charité.

A ces dispositions pacifiques et conciliantes, vous savez, chrétiens, comment il a été répondu. Un cri de guerre a retenti, dont on eût pu laisser la raison publique faire justice, s'il n'avait été qu'une de ces formules sonores jetées dans les hasards d'une réunion populaire pour provoquer les applaudissements et relever la fortune d'un discours en détresse, au lieu de devenir le mot d'ordre aveuglément obéi et rigoureusement appliqué de tout un nouveau système de relations entre l'État et l'Église.

On ne pouvait plus s'y méprendre, et si la lutte s'engageait, c'était bien sur le terrain réservé de la conscience et de la liberté religieuses, de leurs droits inaliénables, et de l'obligation qui nous était imposée de les défendre, sous peine de forfaire à tous nos devoirs.

Un des services les plus importants rendus par le cardinal Guibert à son temps et à son pays aura été de mettre dans une saisissante lumière ce point fondamental de l'histoire contemporaine.

Ses trois lettres de 1877 à M. Dufaure, alors

garde des sceaux; ses Mémoires aux sénateurs et aux députés sur les projets de loi relatifs à l'enseignement; les divers écrits auxquels donnèrent lieu de sa part, en 1880, les décrets rendus contre les congrégations; ses protestations si douloureusement motivées par la laïcisation des hôpitaux de Paris, par la désaffectation de l'église Sainte-Geneviève [1], et par d'autres mesures hostiles soit à l'exercice du saint ministère, soit à la liberté des consciences catholiques [2]; enfin sa lettre du 30 mars 1886 au chef de l'État, dictée trois mois avant sa mort, et qui devait être comme le testament suprême de sa foi et de son patriotisme : tout cela constitue un monument magnifique d'apologétique et d'éloquence pastorale pour la défense de la religion.

Pas un mot dans ces pages n'est abandonné aux emportements de la passion. L'indignation s'y fait sentir plutôt qu'elle n'est exprimée. C'est toujours, partout, uniquement l'évêque qui parle le langage des vérités éternelles, à propos des épreuves et des vicissitudes du temps. Sa pensée, qui « trouve sa sérénité dans sa hauteur [3] », plane au-dessus des querelles des partis. Elle se meut à l'aise dans les horizons immenses de la justice, de l'honneur, de la

1. Ces mots (*laïcisation, désaffectation*) ne sont pas français. On est cependant obligé de s'en servir depuis quelques années pour exprimer un ordre de faits où la justice et la raison ne sont pas mieux traitées que la langue nationale.

2. Par exemple, la suppression de l'aumônerie militaire en temps de paix et la menace d'assujettir les séminaristes au service des armes.

3. Bossuet. Or. fun. du prince de Condé.

vraie et saine liberté. Fort de son désintéressement, s'il a des paroles sévères pour flétrir les attentats qui compromettent le salut des âmes, il ne s'abaisse jamais ni aux attaques personnelles ni aux discussions de l'ordre humain et politique sur les institutions ou sur la forme du gouvernement [1].

Aucune de ses protestations, je le sais, n'a été capable de prévenir ou d'arrêter dans leur inexorable évolution les mesures hostiles aux droits et aux sentiments religieux de la majorité des Français.

Elles n'ont sauvé ni la liberté de l'enseignement supérieur, presque aussitôt retirée que donnée; ni la liberté plus nécessaire encore de l'enseignement primaire, emportée dans cette tempête de laïcisation à outrance, qui enlève à beaucoup de familles, dans les villes et surtout dans les campagnes, le choix des maîtres auxquels elles préfèrent confier leurs enfants [2]. Elles n'ont pas davantage réussi à faire respecter la liberté de l'association religieuse, ni même la conscience des pauvres malades des hôpitaux, privés des secours de la religion, ou obligés,

1. Un texte de la sainte Écriture exprime très bien l'idée inspiratrice qui a dicté au cardinal toutes ces revendications si fermes et si mesurées. C'est la parole de Jephté au roi des Ammonites : *Igitur non ego pecco in te, sed tu contra me injuste agis, indicens mihi bella non justa. Judicet Dominus arbiter hujus diei inter Israël et inter filios Ammon.* (Jud., xi, 27).

2. La nouvelle loi sur l'instruction primaire, enregistrée au *Journal officiel* le 31 octobre 1886, établit pour toute la France le régime forcé de la laïcisation des écoles publiques. Un député a eu la franchise de le dire : « Le nouvel acte législatif se résume en ceci : « les catholiques hors la loi. » Telle devait être la conclusion logique de la fameuse formule du discours de Romans, à laquelle il a été fait allusion plus haut : « Le cléricalisme, voilà l'ennemi. »

pour les obtenir, à des formalités qui, dans la plupart des cas, rendent leur liberté trop souvent illusoire.

Heureusement, ni Dieu, ni les honnêtes gens, ni la postérité ne mesureront au succès immédiatement obtenu la valeur de ces actes et de ces écrits épiscopaux. Quand la loi divine nous fait une obligation de lutter contre l'injustice, il ne nous est pas commandé de réussir. Mais, en dépit même de nos échecs, il nous est ordonné de travailler sans relâche et de combattre sans découragement. *Erue eos qui ducuntur ad mortem, et qui trahuntur ad interitum, liberare ne cesses*[1], parce que, suivant le langage tenu par Mgr Guibert à un ministre de l'Empire, et dont nous serions bien malheureux de ne pouvoir plus supporter la noble fierté : « La France ne veut pas, pour présider chez elle à l'exercice de la religion, un clergé sans dignité et sans cœur[2]. »

A un autre titre, ces documents mémorables survivront aux circonstances qui les ont provoqués. Sans avoir jamais affecté de prétentions à la littérature, le cardinal était un écrivain. Son premier mandement, publié en 1842, avait attiré l'attention et mérité les éloges d'un ministre de l'époque, fort compétent lui-même en matière de bonne lettres et de style. Faites sous la direction d'un seul maître, sans l'émulation des écoles publiques, les études

1. *Prov.*, XXIV, 2.
2. Lettre à M. Rouland, 25 avril 1861. (Œuvres, t. II, p. 460).

élémentaires de Mgr Guibert avaient pu manquer
d'étendue et de variété. Mais il avait appris à
apprendre, ce qui est beaucoup. Les modèles des
deux antiquités, qu'il avait fréquentés par les lec-
tures de sa jeunesse, avaient développé chez lui un
goût instinctif de vérité et de sobriété dans la
forme, tout à fait en harmonie avec les qualités
naturelles de son esprit. De bonne heure, sa préférence marquée avait été pour les auteurs français
du dix-septième siècle. Il aimait à raconter comment,
à Viviers, pendant les mois d'hiver, il lisait et reli-
sait Bossuet. A son insu, il s'imprégnait de sa mé-
thode et de son génie littéraire. Aussi, lorsqu'il
composait, il était inexorable à lui-même, et n'avait
de repos qu'après avoir trouvé l'expression propre,
le mot juste. Il apprenait ainsi l'art de parler « un
français plein, substantiel, toujours dans le sens de
la racine et de l'analogie[1] ».

Dès sa jeunesse, d'ailleurs, il s'était fait remar-

1. Sainte-Beuve, sur Bossuet, écrivain. *Nouveaux lundis.* T. II, p. 349.
Comment n'aurait-il pas bien écrit notre langue, celui qui la recommandait
à l'attention et à l'étude du clergé en des termes dont s'honorerait la plume
d'un maître ? « La langue française est la plus belle des langues modernes.
Quelle clarté dans l'expression ! Quelle noble simplicité dans les tournures !
Quelle aptitude à rendre ce qu'il y a de plus insaisissable dans la pensée !
Elle semble être l'instrument naturel du spiritualisme chrétien, dont elle
est, du reste, en grande partie, l'ouvrage inventé ou façonné pour les besoins de ses conceptions. Elle porte un cachet qui lui est propre de droiture
et de sincérité. Elle est la langue *franche* par excellence, et l'on ne peut,
sans faire violence à sa nature, s'en servir pour déguiser la pensée. Elle
semble née du génie chrétien, nous dirions presque du texte de l'Évangile, dont elle reproduit bien souvent le tour, le caractère, et nous ne savons
quoi de sage, de calme et de tempéré qui n'appartient qu'au texte sacré. »
(Lettre au clergé de Viviers, 2 octobre 1851. Œuvres, t. II, p. 307).

quer par un amour des livres[1] qui ne le quitta plus.
On peut dire qu'il faisait d'eux la société de choix
avec laquelle il aimait à vivre toutes les fois que ses
devoirs d'état lui en laissaient le loisir. Il a révélé
à cet égard le secret de ses habitudes et de ses goûts
dans une belle page que je voudrais recommander
à la plus sérieuse attention de tous nos frères dans
le sacerdoce :

« Puissent les membres du clergé, disait-il en
1857, comprendre tout ce qu'il y a de douceur et
de charme dans le commerce intime avec les livres !
Le prêtre qui veut remplir en ce monde la grande
mission qu'il a reçue de Dieu et de l'Église fait deux
parts de sa vie. Il en donne la moitié aux hommes
vivants pour les ramener à Dieu, et consacre l'autre
moitié aux entretiens avec ceux qui ne sont plus,
mais qui vivent toujours dans les œuvres immortelles qu'ils nous ont laissées[2]. »

N'y aurait-il pas lieu de saisir ici et de mettre en
relief un trait de ressemblance entre deux hommes
qu'on a plus d'une fois, depuis huit ans, rapprochés
l'un de l'autre à cause du parfait accord de leurs
idées, de leurs sentiments, de leur conduite au milieu des difficultés de l'époque actuelle? Il s'agit,
vous l'avez deviné, de l'archevêque de Paris et du
cardinal Pecci, archevêque de Pérouse, à qui le cardinal Guibert fut si heureux de donner son suffrage

1. Voir aux pièces justificatives, n° V.
2. Œuvres, t. II, p. 25.

dans le conclave de 1878 d'où l'Esprit-Saint fit sortir l'élection de Léon XIII.

Tous deux n'ont-ils pas été formés à l'école de cette sagesse d'én haut, dont l'apôtre saint Jacques nous dit qu'elle est essentiellement « pacifique, persuasive, miséricordieuse[1] », et qui, loin de dédaigner les ressources de la raison et des autres facultés naturelles, excelle à s'en servir pour mieux accréditer la prédication de l'Évangile, mais ne cesse pas de les féconder par la prière, par la lecture des saintes Écritures, par la méditation continuelle des pensées et des œuvres des grands génies qui ont honoré l'Église et les lettres?

Homme de l'éternité, Léon XIII appuie aux principes qui ne changent pas, et au roc immuable de la vérité divine, les enseignements et les avertissements prodigués par son zèle infatigable aux fidèles, aux pasteurs, aux peuples, aux gouvernements.

Homme de son siècle, versé dans tous les secrets de la science pratique de traiter avec les sociétés, philosophe et littérateur consommé, il séduit par la hauteur de ses vues et l'élévation de son langage ceux mêmes qu'il ne peut encore convaincre. Lui aussi, dans sa solitude du Vatican, fait deux parts de ses heures si laborieusement employées. L'une appartient à ses relations obligées avec les vivants. Chaque jour, ils viennent de tous les points de l'horizon

---

1. *Quæ desursùm est sapientia est pacifica, modesta, suadibilis, plena misericordia.* (Ep. cath. B. Jac. ap. III, 17).

pour traiter des affaires du royaume de Dieu avec le pasteur préposé à la ville de Rome et au monde, *urbi et orbi*. L'autre, il la réserve au commerce de l'esprit avec ces morts immortels dont la pensée est toujours vivante, et il en sort plus capable de pour-suivre, au milieu des ténèbres et des tempêtes amon-celées par les passions, sa mission de lumière, de justice et de paix.

Tous deux enfin, et le pape et l'archevêque, in-trépides dans la revendication des droits sacrés dont ils ont la garde, ont toujours été par la dignité de leur attitude le modèle de ceux qui sont appelés à l'honneur de défendre la cause de l'Église; et, vrais disciples du maître, ils n'ont jamais hésité à répri-mander et à réprimer le zèle amer de ceux qui, pour avoir raison de leurs contradicteurs, feraient volon-tiers descendre sur eux le feu du ciel [1].

« Savez-vous, me demandait un jour le cardinal, avec cette lenteur cadencée et ce rythme méridional dont se souviennent tous ceux qui l'ont entendu : savez-vous pourquoi les violents ne sont pas aptes au gouvernement, consultez l'étymologie; elle vous le dira. Les Romains, dont le génie n'excella pas moins dans l'administration que dans la conquête, employaient le mot *moderari* pour exprimer l'idée de gouverner, tant il est vrai que la mesure, la posses-

---

1. S. Luc, ix, 54, 55. « Eloignons toujours la violence de nos actes et l'amertume de nos lèvres... Le monde appartiendra à celui qui l'aimera le plus. » (Tours. Lettre pastorale du 15 août 1857. T. II, p. 17 et 18).

sion de soi-même, la pondération, sont des qualités indispensables aux hommes chargés de conduire les autres. » Quoi d'étonnant, si le Pape à qui ont été départis pour régir l'Église en des temps difficiles tant de courage et de sagesse, de patience et de charité, a particulièrement estimé et aimé le vieil évêque dans lequel il retrouvait l'image fidèle de ses dispositions et de ses qualités personnelles?

Ainsi mûrissait dans l'âme du vénéré cardinal, à travers les épreuves de la vie et dans les labeurs d'un ministère toujours plus pénible, une vertu dont l'éclosion datait de sa jeunesse. L'expérience des hommes et des choses ajoutait sans cesse quelque nouvelle lumière à la sagesse de son esprit, mais sans rien diminuer de sa fermeté et de sa vigueur. Plus les années s'accumulaient sur sa tête, plus devenait vraie la parole qu'un homme politique avait dite de lui vers le commencement de sa carrière épiscopale : « C'est un évêque des anciens jours. Si nous voulions l'empêcher de parler, nous en ferions un martyr. » Mais ce qui grandissait non moins visiblement en lui, grâce à son union toujours plus intime avec Dieu, c'était la bonté. A une intelligence élevée et ouverte, à un caractère énergique et persévérant, Dieu avait ajouté, sous un extérieur rigide, le don d'un cœur chaud, aimant, expansif.

Elles ne l'oublieront jamais, j'en suis sûr, ces chrétiennes populations du Vivarais, à qui, pendant le choléra de 1854, au péril même de sa vie, le dévoué pontife alla prodiguer, avec d'abondantes aumônes, des trésors d'affection et de consolation.

Il s'en souviendra toujours, je l'espère, le peuple de Paris, au nom de tant de pauvres connus et inconnus, dont votre archevêque a pu dire dans son testament, écrit en face de la mort et des jugements de Dieu « qu'il les avait aimés comme sa famille ».

Mais, en dehors de ce que l'on pourrait appeler les manifestations officielles de la charité imposées à tout évêque soucieux d'être fidèle aux serments de sa consécration, il y avait encore chez le cardinal Guibert des sources cachées de tendresse qui s'épanchaient abondamment sur les siens. Combien il m'a été doux d'en recueillir les précieux témoignages, soit dans sa correspondance avec les Oblats, et en particulier avec Mgr de Mazenod [1]; soit à Paris, de la part des prêtres qui ont eu le bonheur de vivre avec lui; soit enfin en Provence, du côté de ses parents.

Ceux-ci étaient restés pauvres; il n'en rougissait pas, et il les comprenait au nombre de ceux qui avaient droit à son assistance. Néanmoins, il ne voulut jamais ni les faire sortir de leur modeste condition, ni leur permettre de se prévaloir, pour s'avancer dans

---

[1]. La volumineuse correspondance de Mgr Guibert avec Mgr de Mazenod, gardée dans les archives des Oblats, a été mise à ma disposition par le T. R. Père Fabre, supérieur général, avec un empressement dont je ne saurais trop le remercier. Comme spécimen de la tendresse de cœur de Mgr Guibert à l'endroit de son père spirituel, on peut lire la lettre placée aux pièces justificatives, n° VI.

le monde, des hautes situations auxquelles la Providence l'avait appelé. Il entretenait avec eux une correspondance régulière, tout en la subordonnant aux exigences de ses devoirs d'état. Une pieuse confiance, dont je demeure profondément touché, m'a permis d'être initié aux cordiales effusions du fils avec la mère, du frère avec les sœurs, de l'oncle avec un neveu encouragé et aidé par lui à suivre la carrière judiciaire, où il servirait encore son pays sans les événements qui condamnaient naguère à une retraite prématurée tant de dignes magistrats [1].

On voit également dans cette correspondance de famille avec quel calme, quelle sérénité, quelle possession de lui-même l'énergique vieillard s'acheminait vers le terme de son pèlerinage terrestre. Ces pages de confidences intimes expriment tour à la fois une reconnaissance profonde envers la Providence qui avait si visiblement présidé à toutes les phases de sa longue existence et une paisible soumission à l'arrêt final auquel il n'avait cessé de se préparer.

On sait que pendant sa vie le cardinal ne s'est jamais hâté : il était dans son tempérament de faire toutes choses avec calme. Il lui fut donné d'agir de

---

1. Il gardait un certain temps sur son bureau les lettres de ses parents et il aimait à les relire. Il y répondait en termes pleins d'affection. Il s'intéressait à tous les incidents de leur vie et faisait entièrement siennes leurs joies ou leurs douleurs. Une de ses dernières lettres, écrite quelques semaines avant sa mort, renferme les conseils les plus paternels à l'adresse d'un jeune enfant, son petit-neveu et son filleul, qui avait reçu au baptême le nom de Joseph, et sur qui les bénédictions de son grand-oncle et parrain demeureront un gage de sagesse, de vertu et de bonheur.

même à l'égard de la mort, et il s'acquitta lente-
ment de ce devoir suprême, le plus important de
tous. Le premier et terrible assaut qui devait l'em-
porter lui avait été livré dans la nuit du 1er avril
1885. A partir de ce moment, avec des alternatives
d'améliorations et de rechutes, il put dire avec
saint Paul : « Ma vie s'en va goutte à goutte, comme
dans une libation sacrée, et je sens approcher le
terme de ma dissolution, — *Ego jam delibor et tempus
resolutionis meæ instat* [1]. » Cette vie mourante, ou
cette mort disputée dura plus de quinze mois, pendant lesquels il eut de fréquentes occasions de
renouveler à Dieu le sacrifice de sa vie et d'accu-
muler les mérites de ces immolations réitérées. Jusqu'au dernier instant, sa belle intelligence demeura
complètement lucide, et il n'y eut aucune défaillance
dans sa ferme et courageuse volonté. Il fit bien
voir qu'une âme épiscopale « est maîtresse du corps
qu'elle anime », lorsque, dans une lettre où la flamme
apostolique brille avec toute son ardeur [2], il offrit
d'aller, lui-même, malgré ses vives souffrances,
porter au grand poète agonisant les secours et les
consolations de la religion ! Le cardinal Guibert
au chevet de Victor Hugo, et, entre eux deux, le
crucifix, avec les pardons sacrés et les immortelles
espérances de la foi : il faut plaindre ceux qui
ont rendu impossible cette émouvante rencontre des

1. II Tim., iv, 6.
2. Toute la France a lu et admiré cette lettre écrite le 21 mai 1885.

deux vieillards se donnant la main sur le seuil de l'éternité !

Un livre, qui semble n'être qu'un recueil sec et méthodique de formules de liturgie destinées à régler le détail des fonctions épiscopales, contient une recommandation dont Mᵍʳ le coadjuteur fit un bel usage lorsqu'il crut le moment venu de réclamer les prières du diocèse de Paris en faveur du cardinal.

« Plus l'évêque est élevé en dignité au-dessus des autres hommes, plus il doit mettre de soin à s'acquitter parfaitement de cette dernière action dans laquelle seule se consume la persévérance finale des élus[1]. »

Oui, vraiment, la mort, qui est un terrible châtiment, est en même temps une fonction auguste où, comme partout ailleurs, les évêques doivent être les modèles du clergé et du peuple. C'est assurément de tous leurs offices pontificaux le plus solennel. Ils doivent s'y préparer avec une attention spéciale et en observer les rites avec une scrupuleuse exactitude.

Loin donc de cet appartement où un évêque se meurt les précautions timides, les pactes indignes de la faiblesse avec la lâcheté, les réticences cauteleuses à l'aide desquelles, trop souvent, on cache la vérité aux malades et on leur dissimule le plus possible le voisinage immédiat de l'Ange de la mort.

---

1. *Curet Episcopus ut quanto magis dignitate cæteris præest, eo majori studio ultimum hujus vitæ actum, quo solo coronari electi solent, cum laude perficiat.* (Ceremoniale Episcoporum, II, xxxviii, nº 2).

Celui-ci a droit, quand il frappe à la porte d'un évêque, d'entrer à visage découvert, annoncé par son nom, comme il sied à un personnage qu'on ne reçoit qu'une seule fois et qui vient de la part de Dieu.

O Pontife ! au jour de votre sacre, votre tête a reçu le casque du salut pour lutter courageusement contre les adversaires de la vérité. Voici pour vous l'heure de la bataille décisive : soyez intrépide. *Impugnator robustus existat* [1].

O Pontife ! l'huile sainte a coulé sur vos mains et elles ont reçu la puissance de bénir. Une dernière fois, levez-les sur votre peuple, et usez jusqu'au bout de votre droit sublime d'annoncer la paix aux hommes et de leur vouloir du bien. *Benedicere ! Pax vobis.*

Dieu soit loué ! notre père s'est acquitté avec une suave majesté de tout ce rituel de la mort [2]. On dirait un de ces vieux patriarches qui, après avoir travaillé et souffert pour le Seigneur durant leur vie, se recueillaient pieusement dans son sein, non sans avoir exhorté leur famille et mis pour ainsi dire toute leur âme dans une parole suprême. Ecoutez celle qui s'échappe de la bouche expirante du cardinal : « Je voudrais exprimer à Dieu tout ce qu'un évêque mourant peut lui offrir en sacrifice pour son diocèse et pour l'Eglise...; je ne puis plus parler : dites-le à Dieu pour moi ! »

Quelques instants après, du côté de la terre, tout

---

1. Pont. Rom. de Cons. Episc.
2. *Plenus auctoritatis et gratiæ implebat dignitatem episcopi.* (Sulp. Sev. *vita S. Martini*).

était fini[1]. En rapprochant de ses lèvres l'image de Jésus crucifié, un dernier geste avait aussi emporté son âme aux pieds de Celui qui a promis de récompenser avec une sorte d'excès le serviteur fidèle. *Ego ero merces tua magna nimis*[2].

Ce qu'il était pour l'Eglise de France et pour son pays, ses funérailles l'ont montré. Il y a quatre mois, quarante évêques accouraient ici pour entourer son cercueil. Par une démonstration saisissante et toute spontanée du deuil le plus respectueux et le plus sincère, la population parisienne suppléait à l'absence du cérémonial officiel, qui eût fait plus d'honneur aux vivants qu'au mort, si la pompe en avait été déployée dans les rues de la capitale.

Enfin, à peine le cardinal avait-il rendu le dernier soupir que, de tous les points de l'opinion, l'unanimité la moins concertée et la plus libre provoquait autour de lui une de ces clameurs d'où les premiers siècles du Christianisme eussent vu sortir une canonisation populaire.

Oui, chose étrange, et au fond très honorable pour la nature humaine, Dieu qui se sert de tout, et des contrastes comme des harmonies, a permis que cet évêque étranger par principe et par goût à ce qu'on appelle le monde ; qui ne s'était jamais montré dans les palais des grands ni associé à leurs fêtes ; dont

---

1. Jeudi, 8 juillet 1886, à onze heures trois quarts du matin. La veille, il avait reçu la Bénédiction apostolique, envoyée par Sa Sainteté.
2. *Gen.*, xv, 1.

l'action sur les mouvements extérieurs de la société
contemporaine se bornait chaque année à quelques
pages d'un style sobre et austère, uniquement inspirées par des pensées de foi, ait produit sur les
hommes du monde une impression d'autant plus forte
qu'il était moins mêlé à leurs agitations.

Sans doute, la presse religieuse lui a rendu de
justes hommages. A sa mémoire bénie, elle a dignement payé le tribut de la reconnaissance, au nom
de son diocèse et de la France tout entière. Cependant, j'oserais dire qu'elle a été plus réservée, plus
contenue, que la presse habituellement indifférente ou
sceptique à l'égard de la religion. Ceux du dehors
ont été plus frappés que nous-mêmes, les enfants
de la maison, des qualités de l'éminent pontife
C'est sous leur plume que nous avons trouvé plusieurs fois répétée cette qualification de *saint*, dont
nous, catholiques, nous ne devons pas faire usage
avant les jugements officiels de l'Église.

Ces démonstrations de respect, ces hommages ins-
pirés par la beauté morale d'une vie entièrement
consacrée au bien, je les salue comme une consolation dans nos tristesses et comme l'espérance d'un
meilleur avenir. Entre ces hommes qui, trop souvent, attaquent le Christianisme sans le connaître,
et nous, ses fils et ses défenseurs, il n'y a donc pas
un abîme infranchissable ! Il est vrai, trop souvent,
ils nous traitent non pas seulement en étrangers,
mais en ennemis. Cependant, ils ne sont pas insen-

sibles à la secrète et péremptoire démonstration de la divinité de la religion qui s'opère incessamment dans le cours des siècles par les vertus des chrétiens. Eux aussi, à leur insu ou malgré eux « reconnaissent l'arbre à ses fruits[1] ».

Par là encore, et ce sera pour nous tous, prêtres et fidèles, la grande leçon à tirer de cette noble existence, les hommes du siècle nous indiquent très nettement à quelles conditions nous deviendrons capables d'agir sur eux et de les ramener à notre foi.

Le désintéressement, la pureté de la vie, le mépris de l'argent et des ambitions terrestres, l'indépendance et la dignité du caractère, l'alliance de la force et de la douceur dans la revendication ou dans la défense des droits de la vérité, l'amour des petits et des pauvres : voilà comment l'Évangile s'est implanté dans le monde : c'est par les mêmes moyens qu'il triomphera. Seigneur, augmentez parmi nous le nombre des saints, et vous vaincrez!

De la petite ville où, il y a cent cinquante ans, les aïeux du cardinal gagnaient leur vie par le travail de chaque jour, on voit se dresser à l'horizon, dans la chaîne des Alpes, quelques-unes de ces cimes aux flancs dégarnis et rocheux, qui portent une couronne de neige immaculée. Après avoir reflété pendant le

1. *Ex fructibus eorum cognoscetis eos.* (Math., vii, 20).

jour les rayons du soleil, vers l'heure où il va disparaître, ces montagnes solitaires se colorent magnifiquement de pourpre et d'or. Ému de la beauté d'un tel spectacle, le voyageur fixe longtemps du regard ces sommets perdus dans la lumière. Il lui semble qu'ils aident sa pensée à s'élever vers des régions plus sereines et son cœur a d'invincibles espoirs de vie et d'immortalité. Lorsqu'enfin les ombres qui grandissent l'obligent à redescendre, il emprunte au Psalmiste l'hymne de l'adoration et de l'action de grâces : *Mirabilis in altis Dominus !*

Moi aussi, je me suis attardé à contempler la vie du magnanime Pontife, et puisqu'il faut finir, je m'écrie avec David : Admirable est le Seigneur dans les sublimes ascensions des montagnes; mais plus admirable encore dans ces grandes âmes où il a mis, comme un reflet de son éternelle lumière, le triple rayon du courage, de la sagesse et de la bonté : *Mirabilis Deus in sanctis suis! Mirabilis in altis Dominus* [1] *!*

---

1. *Ps.* LXVII, 36; XCII, 4.

PIÈCES JUSTIFICATIVES

I

VISITES PASTORALES DE Mgr GUIBERT DANS LE DIOCÈSE DE VIVIERS

Les fidèles du diocèse de Viviers ne doutent pas de mon attachement et du regret que je ressens à les quitter. Je les ai tous
visités, jusque dans les plus petits hameaux : j'ai foulé tous les
sentiers des plus hautes montagnes pour aller les chercher dans
les contrées les plus reculées : ces courses étaient pour moi pleines
de charme et de consolation. Je ne courais pas après la brebis
égarée : j'allais vers des ouailles toujours fidèles. Rien n'égalait
mon bonheur quand j'étais au milieu de ces populations si religieuses : la simplicité de leurs mœurs et leur foi vive me tou-
chaient ; la confiante familiarité de leurs manières me rappelait
que j'étais leur père. Elles étaient avides de mes bénédictions ;
ma main n'était jamais lasse de les répandre sur eux et sur leurs
enfants. (*Œuvres pastorales*, éd. Mame, t. Ier, p. 461.)

Je viens de terminer la première visite générale de mon diocèse. Il n'y a pas de paroisse, si petite qu'elle soit, ou placée dans
les montagnes les plus inaccessibles, où je n'aie passé vingt-quatre
heures et rempli les fonctions de mon ministère ; ces courses ont
été accompagnées de bien des fatigues, mais aussi d'abondantes
consolations. (Lettre du 6 décembre 1847 à Mgr de Mazenod,
inédite.)

II

TRADUCTION DE LA LETTRE ADRESSÉE PAR LE SOUVERAIN PONTIFE

A Mgr L'ARCHEVÊQUE DE TOURS

(12 novembre 1870)

PIE IX, PAPE

Vénérable Frère, salut et bénédiction apostolique.

Malgré la situation douloureuse, rendue chaque jour plus grave et plus dure, où la malice des hommes Nous a réduits, Nous et ce Siège apostolique, il ne Nous est pas possible d'oublier les malheurs et les calamités dont la France est en ce moment si cruellement affligée. Plein du souvenir des marques éclatantes de dévouement et d'affection filiale que cette généreuse nation Nous a prodiguées en toute circonstance et jusque dans Nos plus grandes tribulations, Nous avons prié ardemment le Dieu des miséricordes de nous faire connaître comment Nous pourrions Nous acquitter un peu envers elle de la dette de Notre reconnaissance pour ses importants services, et par quel genre de soulagement il Nous serait possible de lui venir en aide dans ses épreuves.

En agitant cette pensée dont Notre cœur a été vivement préoccupé, Nous sommes demeuré persuadé qu'il n'y avait pas pour Nous de moyen plus opportun et plus efficace de témoigner Notre gratitude à cette grande nation catholique que de tenter, sous l'impulsion de Notre charité paternelle, de l'amener à des conseils de paix et de la faire ainsi rentrer au sein d'une heureuse et parfaite tranquillité.

Plaise à Dieu, Vénérable Frère, qu'il soit donné à Notre humble personne de réaliser une œuvre si salutaire et si universellement désirée par les hommes sages! Nos actions de grâces envers la divine bonté n'auraient point de bornes, si elle daignait se servir de Notre ministère et de Notre coopération pour procurer à la France un si grand bien.

Mais pour atteindre ce but désiré et pouvoir au gré de Nos vœux faire cesser de trop longues et trop cruelles calamités, il est nécessaire que les esprits s'ouvrent avec docilité aux vues et aux inspirations de Notre paternelle sollicitude, et que, mettant de côté toute animosité réciproque, on en vienne de part et d'autre aux sentiments de la concorde et d'une mutuelle confiance.

Et qui donc pourrait ôter au Vicaire de Jésus-Christ sur la terre l'espérance de voir un vœu si légitime pleinement accompli, et par suite, une partie si considérable de l'Europe rendue au calme de la paix ?

Voilà pourquoi Nous Nous sommes adressé à vous, Vénérable Frère, qui êtes l'évêque titulaire de la ville même où réside une partie des chefs du gouvernement chargé de présider aux destinées de la France. Nous vous exhortons aussi instamment qu'il Nous est possible à vous charger auprès des chefs de ce gouvernement, avec tout le zèle pastoral qui vous distingue, d'une affaire si urgente et d'un si haut intérêt. Nous avons aussi la confiance que vos collègues dans l'épiscopat uniront leurs efforts aux vôtres et vous seconderont avec ardeur dans une cause si digne de leur caractère et de leur vertu, où il s'agit d'un éminent service à rendre autant à la religion qu'à la patrie.

Mettez-vous donc à l'œuvre sans retard, Vénérable Frère, employez la persuasion auprès des hommes, recourez à la prière auprès de Dieu ; enflammez, en vous joignant à eux, le zèle déjà si vif et si bien connu des évêques vos frères. Nous avons, de Notre côté, la ferme assurance que Dieu donnera la grâce de la force à vos paroles et qu'avec son secours les cœurs reviendront à leur générosité naturelle, et que, par amour pour le bien public, ils ne refuseront pas d'entrer dans vos vues et de seconder vos désirs.

Et ici, Vénérable Frère, il est une prière et une exhortation que Nous sommes obligé avec tout le zèle et toute la sollicitude d'une tendresse paternelle de vous adresser devant Dieu, à vous et à tous les autres évêques de la France : c'est que vous ne manquerez pas de donner à cette noble nation, dont l'adversité n'a pu diminuer le caractère héroïque ni obscurcir l'éclat d'une valeur militaire immortalisée par tant de glorieux monuments, le prudent et sérieux conseil de ne pas prêter l'oreille aux pernicieuses doctrines qui tendent au renversement de l'ordre public et que ne cessent de répandre et de propager dans son sein des hommes de désordre venus chez elle sous prétexte de lui prêter le secours de leurs armes. La diffusion de ces doctrines ne peut avoir d'autre résultat que d'accroître la discorde, de multiplier les calamités et de retarder le triomphe de la saine morale et de la justice, seule et unique base cependant sur laquelle puisse s'appuyer cette illustre nation pour être fidèle à l'antique honneur de ses aïeux et y ajouter les rayons d'une gloire nouvelle.

Ce serait, d'ailleurs, Nous le savons, poursuivre en vain la grande œuvre qui Nous préoccupe, si Notre pacifique ministère ne trouvait pas un appui suffisant et des intentions favorables auprès de la justice et de l'élévation d'esprit du Prince à qui la fortune a accordé, au point de vue militaire, de si grands avantages. Aussi, n'avons-Nous pas hésité, Vénérable Frère, à vous charger du soin d'écrire une lettre sur cet objet à S. M. le Roi de Prusse et de recommander avec instances, à son humanité royale, ce ministère de paix que Nous voulons remplir. Nous ne pouvons sans doute rien affirmer de certain sur l'issue de Notre démarche officieuse auprès de S. M. Ce qui Nous donne néanmoins une juste raison d'en bien espérer, c'est que ce monarque, en d'autres circonstances, a toujours fait preuve de beaucoup de bon vouloir à Notre égard.

Vous confiant donc dans le secours d'en haut, Vénérable Frère, mettez tous vos soins à vous acquitter de cette grave et urgente mission qui vous est confiée ; et, en cela, vous pourrez agir avec d'autan plus de facilité et de promptitude que vous exercez dans votre demeure épiscopale les devoirs de l'hospitalité envers ceux mêmes auprès desquels vous aurez à remplir en Notre nom un ministère de paix si digne de votre auguste caractère.

Mais parce que, selon l'Ecriture, ni celui qui plante, ni celui qui arrose ne sont rien, et que Dieu seul peut donner un heureux accomplissement à nos désirs, il faut, Vénérable Frère, qu'en toute humilité et confiance, prosternés devant la face de Dieu, Nous sollicitions son divin cœur, source ineffable de miséricorde et de charité, et que d'un esprit contrit et repentant, de concert avec tout le peuple fidèle Nous ne cessions pas de crier : *Epargnez Seigneur, épargnez votre peuple.*

En attendant ce bienfait de la miséricorde divine par Notre assiduité dans la prière, Nous vous donnons très affectueusement et du fond de notre cœur, comme augure favorable de la mission qui vous est confiée et comme gage de Notre bienveillance particulière, la Bénédiction Apostolique à vous, Vénérable Frère, et à tous les fidèles de la catholique nation française.

Donné à Rome près de Saint-Pierre, le 12 novembre 1879, la vingt-cinquième année de Notre Pontificat.

PIE IX, PAPE.

III

Tours, le 29 novembre 1870.

Aux membres du gouvernement de la Défense nationale.

MESSIEURS,

Je viens remplir auprès de vous une mission que le saint Père a daigné me confier, non point en considération de mes mérites, mais parce que les événements vous ont amenés dans ma ville épiscopale et plusieurs d'entre vous dans la maison même que j'habite; c'est *une mission sacerdotale de paix*, selon l'expression du Souverain Pontife dans la lettre qu'il m'a fait l'honneur de m'adresser le 12 de ce mois.

Du fond de son palais du Vatican, devenu pour lui une prison, Pie IX, quelque dure que soit sa condition présente, s'occupe de nos malheurs. Il se souvient (ce sont ces propres paroles) des grands témoignages d'attachement filial qu'il a reçus, dans ses tribulations, de la généreuse nation française, et, il a prié ardemment le Dieu des miséricordes de lui faire connaître comment il pourrait s'acquitter envers elle de la dette de sa reconnaissance.

Or, il ne connaît pas pour notre pays en ce moment de plus grand bien que le retour de la paix. Déjà, aux approches de la guerre, Pie IX, profondément ému des calamités qui allaient tomber sur deux nations chrétiennes, s'était adressé aux deux souverains, pour les conjurer d'épargner ce fléau aux peuples confiés à leurs soins. Plût à Dieu que le chef de l'Eglise eût été écouté! Notre patrie et l'humanité n'auraient pas eu à déplorer de si grands malheurs.

Aujourd'hui, le Père commun, dont la main ne se lève que pour bénir le monde, demande avec instance la fin d'une guerre qu'il aurait voulu ne pas voir commencer. Sa Sainteté m'annonce qu'elle vient de faire parvenir ce vœu ardent de son cœur au roi de Prusse; elle a cru vous être agréable, Messieurs, en chargeant un évêque français d'être en cette occasion son interprète auprès de vous.

En vous exprimant, au nom du Saint-Père, le désir de la paix avec tout le zèle dont je suis capable, je crois exprimer aussi le sentiment de mes vénérables collègues dans l'Épiscopat, qui s'unissent si étroitement à toutes les douleurs de notre patrie.

La guerre, dont nous sommes depuis quatre mois les témoins et les victimes, a excité dans le monde civilisé une sorte d'effroi et de consternation. Comment le chef de cette religion chrétienne dont le génie est le génie même de la paix, de la religion fondée par celui qui s'est appelé le *Prince de la paix*, aurait-il pu assister sans une affliction profonde à de si sanglants événements ? La terre de France ne lui présente plus que le spectacle de la souffrance et de la dévastation, et ses entrailles paternelles en sont déchirées.

Jadis, les puissances de l'Europe, qui formaient ce qu'on appelait la république chrétienne, invoquaient souvent le Pape comme arbitre de leurs querelles, et l'intervention des Pontifes profitait au repos et à la prospérité des peuples; le Saint-Père ne se plaint pas qu'on ait cessé de le prendre pour juge ; il ne revendique que la liberté de gémir sur nos maux et le droit de supplier pour la vie de ses enfants.

Quand Pie IX nous convie à la paix, ne croyez pas, Messieurs, qu'il puisse conseiller une paix humiliante; il aime trop la France pour ne pas aimer son honneur; l'Eglise ne peut vouloir que sa fille aînée soit diminuée; et nous, évêques français, nous sommes habitués à regarder l'amour et le respect de notre pays comme une seconde religion. Nous ne saurions jamais oublier qu'en France rien n'est perdu quand l'honneur est sauvé.

Vous méditerez, Messieurs, sur cette pensée de paix descendue de si haut et que j'ai été chargé de vous communiquer. Elle ne doit pas ralentir l'ardeur de votre armée, mais l'exciter au contraire, afin d'obtenir par d'heureux combats, s'ils sont encore nécessaires, de meilleures conditions de paix. Heureux si ma mission auprès de vous, Messieurs, cette mission qui restera un honneur dans ma vie, pouvait répondre aux espérances du Chef de l'Église si pleinement d'accord avec les vœux de l'Europe entière ! Heureux encore si cet acte d'un grand Pape, douloureusement préoccupé des malheurs des peuples, malgré ses propres malheurs, faisait naître, au profit de ses droits indignement violés, des idées dé justice et des desseins réparateurs.

S'il vous paraissait bon, Messieurs, de me faire part des sentiments que pourra vous inspirer cette généreuse démarche du

Souverain Pontife, je m'empresserais d'en transmettre l'expression à Sa Sainteté. — Veuillez agréer, etc.

IV

Tours, le 23 juillet 1871.

MONSIEUR LE PRÉSIDENT,

Peut-être mes hésitations vous auront causé quelque peine ; un esprit aussi élevé que le vôtre les aura comprises. Dans le cours de ma longue vie, je n'ai rien tant redouté pour moi que les situations qui ne seraient pas voulues par la Providence. C'est pour dissiper les doutes qui restaient dans mon esprit, sur la proposition, si bienveillante de votre part, qui m'était faite, que j'ai cru devoir consulter le Saint-Père. Si vous trouvez mes scrupules exagérés, vous en serez certainement édifié.

Maintenant le Saint-Père a daigné me faire connaître son désir et la satisfaction qu'il éprouvera de mon acceptation. Tout est donc fini. J'irai à Paris, si vous persistez dans la volonté de m'y appeler. J'irai avec courage et confiance, comptant sur l'assistance d'en haut et sur le concours du gouvernement. De mon côté, je ferai tout ce qui sera en moi pour seconder vos généreux efforts dans la noble tâche que vous avez entreprise de guérir les maux de notre patrie. Je ne vous serai point utile dans les choses politiques, dont je ne me suis jamais occupé, mais je mettrai tout mon zèle à vous aider dans l'œuvre si nécessaire de relever les défaillances et les ruines morales.

Veuillez bien agréer, Monsieur le Président, l'assurance de mes sentiments les plus dévoués et les plus respectueux.

V

GOUT POUR LES LIVRES

L'abbé Guibert, n'étant que diacre, avait été envoyé à Nîmes, pour concourir à la fondation de la maison des missionnaires.

Peu de temps après, le P. Eugène de Mazenod, son supérieur, écrit à son sujet le 2 juin 1825 : « Ne voilà t-il pas que le cher frère Guibert voudrait trouver des livres, tandis qu'il n'y a pas encore de lit ni de marmite. Je le reconnais bien là. » (Cité dans la *Vie de M*^{gr} *de Mazenod*, par le P. Rambert, t. Ier, p. 402.)

« Je suis ici comme un ermite qui n'est plus de ce monde. Néanmoins, j'aime parfois m'enquérir encore de ce qui se passe dans le monde littéraire. » (Lettre du P. Guibert au P. Jeancard, datée de Notre-Dame du Laus, le 20 janvier 1834, *inéd.*).

Pendant le séjour fait par lui à Paris, en attendant le consistoire où il devait être préconisé, l'évêque nommé de Viviers montait son ménage. Il écrit le 6 décembre 1841 au P. Tempier :

« J'ai beaucoup dépensé en livres. Mais je ne pouvais pas faire autrement. Il faut avoir dans sa bibliothèque ce qu'on n'a pas dans sa tête (*inéd.*). »

VI

LETTRE DE Mgr GUIBERT, ÉVÊQUE NOMMÉ DE VIVIERS,
A Mgr DE MAZENOD, ÉVÊQUE DE MARSEILLE ET SUPÉRIEUR GÉNÉRAL
DES OBLATS

Paris, 8 octobre 1841.

« MONSEIGNEUR ET BIEN-AIMÉ PÈRE,

« Votre dernière lettre, que j'ai lue et relue, m'a attendri jusqu'aux larmes. Je l'ai pressée plusieurs fois sur mon cœur pour vous en témoigner ma reconnaissance, je remercie Dieu tous les jours et je le bénis de m'avoir donné un père tel que vous. Oui, c'est vous qui m'avez reçu dans le sein de la famille dès ma jeunesse, qui m'avez formé, qui m'avez fait ce que je suis. Tout ce que Dieu m'a accordé de grâces, c'est par votre canal que je l'ai reçu, et ce Dieu, dans son infinie bonté, veut que vous acheviez de m'engendrer en me communiquant la plénitude du sacerdoce. Je sais qu'en recevant le caractère sacré de l'épiscopat par l'imposition de vos mains, il sera accompagné de l'abondance des grâces accidentelles qui dépendent de la foi, de la ferveur et de la charité de celui qui sert d'instrument à l'opération invisible du Saint-Esprit. Mon bien-aimé Père, il n'y aura plus en moi une seule pensée, un mouvement de cœur, un atome dans tout mon être qui ne vous appartienne et que vous n'ayez droit de revendiquer comme votre bien. Toutes les œuvres qu'il plaira à Dieu d'opérer par mon ministère seront vos œuvres à toutes sortes de titres. Je suis heureux de le penser ainsi et de le dire, et cette pensée adoucit à mes yeux le poids formidable d'une charge bien au-dessus de mes forces. Puissé-je reproduire en moi votre image! être animé de votre zèle pour l'Église, et consumer comme vous le faites mes forces et toute mon existence au salut des âmes! Je résume toutes les demandes que j'adresse à Dieu dans la grâce de vous ressembler, autant du moins que la mesure de mes forces pourra le permettre. Vous m'obtiendrez vous-même cette faveur dans ce jour que vous appelez de vos désirs, lorsque votre âme passera en quelque sorte dans mon âme avec les dons du Saint-Esprit. »

Ce que l'auteur de cette lettre écrivait à son supérieur et Père bien-aimé, que de fois l'auteur de cette oraison funèbre ne l'a-t-il pas dit à Mgr Guibert, soit pendant sa vie, soit depuis sa mort!

FIN